大人の結婚

あなたの人生がもっと輝く
究極のチャレンジ

Marriage

The ultimate challenge to
shine and
fulfill your life

吉元由美

水王舎

プロローグ

結婚したい？　したくない？

「この人と結婚しよう」

文字にすればわずか九文字。でも、この決断の重さに多くの人たちが足踏みをしているのではないかなと思います。いえ、この時代、足踏みまで行っていないかもしれません。

私の知っている二十代、三十代の独身の人たちを見ていると、結婚という「縛り」「枠」「しがらみ」を避けたい思いや、今のままでいたい、現状を維持したいという思いを持ち、「自分の好きなように、自由でいたい」人が増えてきているのは確かです。

また、結婚に対していい印象がない、という人もいます。これは、両親が不仲であったり、両親の苦労を間近で見て育った経験があるため、結婚に対して夢が持てない原因となっているケースです。そう言えば、私の知り合いの四十代の独身男性も、両親を見ていると結婚にいい印象を持てないと話していました。自分も家庭を持ったらあんなふうになってしまいそうで怖い、と。

また、いつか結婚するかもしれないけれど、今ではないと思っている三十代後半の友人もいます。結婚したいと思う人に出会っていない、いつか出会えたらいいと思い続けているケースもあります。こんなさまざまな思いから、結婚に対して積極的になれない。だからと言って、決して無関心ではないのです。独身で構わないと思いながらも、やはりひとりは淋しいもの。そこで、このように望むのです。

「恋人はほしいけれど、結婚はしなくていい」

パートナーがいる、ということは共通ですが、結婚と恋愛は違います。ただ、法律上の手続きはとっていない事実婚という形態もあるので、パートナーシップの形もさまざまです。

私自身、結婚したのは三十六歳です。当時、ずいぶん晩婚だと思ったものですが、二十年経った今、四十歳前後の独身の方々と多く出会うようになりました。私も結婚しなくても恋人がいればいい、と思っていました。ずっとひとりでいるのは淋しいし、愛する人がいたほうがいい。これも人生の選択のひとつだと思ったことがありました。

独身であることのメリットは、「まだ何でも選べる大きな可能性」です。その恋人が結婚相手となればいいのですが、お互いに結婚というスタイルに不向きであれば、何の約束もしないほうがうまくいく場合もあります。このことについては後で詳しく述べることにします。

進む晩婚化

結婚はその人のタイミングなので、早ければいいとか、遅いのはよろしくないということはありません。私が三十六歳で結婚したことも、ベストなタイミングだったのです。ただ、女性には出産に適した年齢がありますから、もしも子どもを望むのであればいつまでも決断しないままでいられないのが現実です。四十代前後で結婚を迷っている人がいると、何とか背中を押せないものかと思ってしまいます。

厚生労働省の人口動態統計によると、私が結婚した二十年前の女性の平均初婚率は二十六・五歳。私の場合、かなり遅い結婚です。平成二十六年度の平均初婚年齢は二十九・四歳。このままいくと平均初婚年齢が三十歳になるのは時間の問題です。ちなみに男性の平均は三十一・一歳。女性と同じように、ここ数年でぐっと上がっていますす。出生率が伸び悩むひとつの理由として、初婚年齢が上がっていることがあると思います。

私たちにはさまざまな選択肢と自由意志が与えられています。ライフスタイルが多様化し、単に「ひとりでいたい」「自由でいたい」という思いを求めていくと「結婚」という選択は遠のいていきます。「自由」という言葉は耳ざわりがいいだけに、ひとり歩きしてしまうことがあります。でも自由でいたいということに執着しすぎると、かえって苦しくなることもあるのではないでしょうか？

どんな自由を求めているのか、ひとりでどう過ごすのか。その「質」がポイントになるように思います。「自由でいたい」という思いの向こう側に何があるのか。人生をよりよく、より創造的に生きたいと思っているのなら、自由を求める気持ちの奥にあるものを見つめることが大切だと思います。なぜなら、そこに本当に望んでいるものがあるからです。

自分はどう生きたいか、人生設計する

独身の女性、男性たちは大きく三つのグループに分けられます。独身でいいと思っている人たち。「婚活」に熱心な人たち。そして、何となく、どうにかなるだろうと思っている人たち。この本を手に取ってくださったということは、少なからず「結婚」に興味がある……もっとはっきりと言うなら、結婚したい、結婚もいいかもしれない、と思っているのでしょう。迷っている人もいるかもしれません。だとしたら、自分にとっての結婚というものについて、一度深く考えてみることをお勧めします。

婚活は、積極的に男性と出会っていくことだけではありません。そして、結婚は単なる制度ではないのです。婚活は、まず自分について深めていくことから始まります。自分はどう生きていくのか、どんな物語を創造していくのか、ということからスタートします。だからこそ、深く考えてほしいのです。人生設計という言葉がありますが、まさに人生は設計、そして戦略。ぼやっとしていると、あっという間に五年、十年経ってしまいます。五十代を過ぎたので自信を持って言えますが、人生は自分でイメージしているよりも短いです。私は今でも、二十代の頃、三十代の頃に「自分」を置き忘れてきたような感覚があったりしますが、でも、すでに当時の年齢の倍近く生きて

いるわけです。そして、誰もがこれから先の十年後には、まったく違う人生の風景を見ていることになるのです。

自分の幸せとは？　自分はどう生きていきたいのか。自分にとって結婚とはどういうもの？　足踏みをとめて、今、一歩、二歩三歩と踏み出すときがやってきました。

目次

第3章

結婚を引き寄せる〝秘訣〟を知っていますか？

最終章

第1章

「結婚」を真剣に考えてみませんか？

私が結婚に至った道のり

迷いや違和感をそのままにしない

結婚に至る道のりは人それぞれありますが、私がたどった道のりはかなりユニークだったと思います。ある意味、一生を共に歩む人とのドラマチックな出会い、とも言えるかもしれません。まさに、自分の人生の物語を書き進めていくようなプロセスでした。これは私の物語ではあるのですが、突き詰めていくと、女性が自立（自律）をし、結婚の深い目的を達成するまでのプロセスをそのまま歩んだと言えます。後ほど解説しますが、おとぎ話の中にこめられた「女性の成長」というテーマと重なる部分が多いのです。おそらく、自分の生き方に迷っている女性、結婚に踏み切れずにいる女性たちにとっても共通のテーマがあります。

大切なことは、悩みや迷いをそのままにしないこと。その悩み、迷いの奥にある自分でも気づいていない『何か』がとても重要なのです。そして、その『何か』をクリアしていくことこそ、人生のチャレンジなのです。ですから、現実的な意味で自立した女性たちに、次は精神的な、魂の自律へ向かって歩みだしてほしいと思うのです。

私の三十代は、まさにこのプロセスの渦中にありました。

順風満帆な日々、なのにどこか虚しい

私が二十代、いわゆる結婚適齢期であった時代は、「学業を終えて就職し、そして結婚して家庭を作る」という選択は、女性のメインストリームでした。三十年前、男女雇用機会均等法が施行される少し前ですから、就職を腰掛け的に考えている女性も多かった時代、ほとんどの友人たちがそういう流れに乗っていたように思います。実際、二十代は友人たちの結婚式ラッシュ、それに続く出産ラッシュでした。

そんな本流を行く友人たちを横目に、私は仕事仕事の二十代を過ごしました。自分の特質をどれだけ生かして、表現活動ができるか。それは私にとって大きなチャレンジでした。仕事に邁進する中でも、結婚は自分の人生プランに入っていました。いつ

かふさわしい相手と出会うだろうという、今思えば漠然とした思いです。いつか白馬の王子が……などと夢見るようなことは決して思っていませんでしたが、出会うべくして出会う人がいるだろうと思っていました。

八十年代の後半、音楽業界はアイドルもニューミュージックも全盛期でした。楽曲の制作本数も多く、一日一曲、まるで日記を書くように歌詞を書いていたような感があります。海外レコーディングに参加したり、イベントのプロデュースをしたり、雑誌にエッセイを連載したりと忙しい日々でした。そして、三十歳になったときには小説を書けるようになりたいというささやかな『野望』を持ちながら、毎日を燃焼していました。

そう、恵まれすぎるほど恵まれた創作活動ができていたのです。仕事が楽しく、忙しく、チャレンジするたびに新しい世界の扉が開いていくことにわくわくしていました。

三十歳で小説を書きたいという『野望』は、運のいいことに叶えることができました。小説だけでなくエッセイも出版することができ、まさに順風満帆でした。人から見たら、何の不足もないように見えたと思います。そう、不足など何もなかった。にもかかわらず、次第に私の中に何とも言えない違和感が広がってきました。恵まれていて、うれしいのです。でも、そのうれしさのどこかに虚しさのようなものを感じていました。幸せな気持ちがふっと過ぎたときに、ぽっかりとした空洞が残るような。私は、仕事の華やかさの裏側で、出口の見えないトンネルに入ってしまったのです。

これが自分が求めていた幸せ？

たとえば、夜、ひとり家に帰ったときに電気をつける瞬間。寝るために、電気を消した瞬間の暗闇。誰も自分を必要としていないのではないかと思ったとき。自分は、自分以外守るべき何も持っていないことに思い至ったとき。このまま歌詞を書いて、本を書いても、自分がたどり着きたい場所が見えないことに気づいたとき。

「私は、この生き方で成長していけるのだろうか」

「これが、自分が求めていた幸せなのだろうか」

こう自分に問いかけるたびに、心の奥にいるもうひとりの私は「違う」と答えているようでした。自分がやっていることと、自分の魂が求めているものがずれている。

私の中に広がる違和感は、まさにこの『ずれ』から生じたものだと気づいたのです。

でも、そのずれをどのように埋めたらいいのかわかりませんでした。

これがミッドライフ・クライシスという、中年期の通過儀礼だったことを知ったのは最近のことです。思春期の子どもたちが、身体の変化に伴って自分が何者であるかを知るためにもがくように、中年期において自分の人生を再検討する時期を迎える、これをミッドライフ・クライシスというそうです。おそらく、「もう若くはない」「これまでのように生きてはいけない」ということを自覚し始めたことをきっかけに起こる心理的な葛藤です。

「今までやってきたことや、演じてきた役割は別にして、自分はいったい何者なのか」

自分が演じてきた役割に気づき、このミッドライフ・クライシスを意識的に乗り越えることで、真の自分の目的を生きられる、人生が大きく開けてくる。私が入ってしまった出口の見えないトンネルは、まさにこのクライシスだったのです。

「結婚する」という深い覚悟の先に、トンネルの出口があった

トンネルの中に入ったからには、出口へと歩いていかなくてはなりません。でも、

どうやって歩いていいかわからない。自己啓発系の本を読んでも、いろいろな講演を聴いても答えはわからない。イルカと泳いだら何か気づきがあるのではないかと、小笠原やハワイで野生のイルカと泳いだりしました。パワースポットで瞑想をしたら、何か答えが見つかるのではないかと思い、アメリカのセドナで瞑想をしました。天使ブームになれば、天使グッズを集めました。楽しい想い出と、モノだけが増えました。いろいろなインスピレーションはありましたが、自分の根底を覆すような「これか!」と思える答えは見つかりませんでした。

なぜなら、答えは自分の中にあるからです。

自分の外側に答えを求めても、だめなんですね。外付けのものは剥がれ落ちるのです。

「私は、この生き方で成長していけるのだろうか」

「これが、自分が求めていた幸せなのだろうか」

という違和感を解消し、やっていることと気持ちのずれを一致させるためには、私が自分の内面を掘り下げていく必要があったのです。もしかしたら、多くの人は自分の中の違和感をなだめるようにして過ごすかもしれません。でも、一度気づいてしまった違和感を持ちつづけることは、私にはできませんでした。その原因を突き止めたい。そして、自分が成長するためにいちばん必要なことを選択したいと思ったのです。そこで、ユング派の分析家が必ず受けるという自己認識のプログラム『教育分析』を受けました。これはとてもきついプログラムでした。泣きたくなったり、抑圧していた怒りが湧き起こってきたり、私の感情はジェットコースターに乗っているかのように、激しくゆれたのでした。

『教育分析』とはインナーチャイルド・セラピー、ゲシュタルト療法、交流分析療法などを取り入れたプログラムで、見たくない自分に対峙していきます。そして、自分の考え方、感じ方、やり方のパターンを知り、過去のさまざまな感情を手放していきます。

この教育分析が、私が自分の答えを探し始める入口でした。でも、まだ「これか！」という答えは見つからないまま、次に、教育分析の流れでアートセラピーの手法を学びました。自分の問題と対峙しながら、一年かけてアートセラピーの勉強をしました。自分についてかなり見えてきたのですが、まだ「これか！」と心の底にすとんと落ちるものはありません。

そしてこの流れでドリームセラピーを学びました。このドリームセラピーが、私の人生に大きな変容をもたらしたのです。

ドリームセラピーは、夢が夢主に伝えたいメッセージを読み取り、そのメッセージを行動につなげて問題を解決していくことを目的とします。もともと『夢』に興味があったので楽しみに授業を受けることはできたのですが、自分の違和感の正体……つまり、自分の心を不自由にさせている『何か』にはなかなか到達できませんでした。

結婚すると決めてから2年後に結婚

ドリームセラピーの最後のクラスは、「記憶しているいちばん古い夢から、トラウマを探る」というセッションでした。この夢から、これまで私を不自由にしてきた行動パターンをとらせる原因がわかったのです。そのとき、胸につかえていたものが一瞬にして落ちていくような体感がありました。本当の気づき、悟りの瞬間は体感を伴うものなんですね。

そして私は直感的に思ったのです。

「結婚しよう」

私の心を成長させ、本当に幸せを感じられるのは仕事で成功することではなく、結婚という日常の中で自分を磨いていくことだと、深く納得したのです。誰かと責任を分かち合って生きていく。そして家庭を築いていく。それは、ひとりで生きてきた私にとっては対極の日常でしたが、その日常の中にこそ宝物はあり、それを見つけていくことが私のチャレンジであり、幸せなのだと思えたのです。

結婚することが私の魂の学びになる。結婚するという深い覚悟が、私が再生していくスタートとなったのでした。

そして結婚すると覚悟してから二年後、とても興味深い出会いとプロセスがあり、結婚しました。三十六歳の春のことです。

結婚は、究極の自分磨きである

「結婚したい」と「結婚する」の違いとは？

ここで誤解してほしくないのは、私の「結婚する」という覚悟は、「結婚したい」という願望ではないということです。覚悟と願望は違います。私は私の人生において結婚の学びが必要なので、結婚すると覚悟を決めました。もちろん結婚すれば自分が安らげる人間関係があり、喜びや悲しみを分かち合える場が得られます。結婚しているということで安定感も得られるでしょう。でも私は、それはそれとして、結婚という日常を営み、夫と向き合うことによって心が磨かれていくことに、軸足を置きました。自分が成長するために結婚するのです。

我ながら、とても骨太な結婚の捉え方だと思います。でも、結婚について消極的であったり、婚活に勤しんでいる人にとって、この点をしっかりと押さえることは、結果につながる礎になるのです。つまり、何のために結婚するのか。生活の安定のためでも、独身では世間体が悪いからでも淋しさを埋めるためでもない。自分の人生をより創造的に生きるために結婚する。依存ではなく、自律するために。ここは大事なところです。私たちは自分の人生の創造者であるということを、もう一度確かめてみてください。

共に生きる人と出会うことは「奇跡」

結果を先に言ってしまうと、結婚はとてもいいものです。分かち合えることの豊かさ。共に家族として育み合う喜び。結婚のよさはいろいろありますが、究極はこれに尽きると思います。この広い世界にひとりで生まれてきた自分が、共に生きる人と出会うという奇跡は、想像以上にすばらしいことです。一九八八年に書いた杏里の『サマー・キャンドルズ』という曲の最初の一行、

「近すぎて見えない奇跡があるね」

というフレーズは、まさに人と人が出会い、結ばれていくことは奇跡であり、その

奇跡はすぐそこにあるのだ、ということを伝えています。つまり、結婚生活とは『日常』です。歌詞は少々ファンタジックかもしれませんが、この広い世界の中でひとりの人と結ばれる確率はどれだけのものでしょう?

こう考えていくと、私にはどうしても出会いは奇跡に思えるのです。このように想像力を深めて(広げて、ではなく)捉えることによって、私たちの意識は磨かれていくのです。

また、家族が増えることも楽しいものです。大切な人たちが増えること。それは、自分の愛の器が大きくなることです。喜びを分かち合う人が増えるのですから、そこには豊かさが生まれます。

でも、相手が育った家庭と、自分が育った家庭は違います。大きく言うと、家庭の文化も事情も違います。相手の親きょうだいとのつきあいは、正直言って気を遣うものですし、時には負担になることもあるでしょう。でも、これも考え方、受け取り方ひとつで変わります。負担になることだけに焦点をあてたら、結婚はとても面倒な制度になります。先入観を取り払い、伴侶となる大切な人をこの世に生みだし、育ててくれたことへの感謝の気持ちを持つことで、相手の親への見方も接し方も大きく変わるでしょう。そして、何よりもプラスなのは、結婚によって自分の心が鍛えられることです。

あたたかい居場所がある。安らぎがある。もちろん、人生いろいろなことが起こりますから、時には厳しい状況になることもあります。夫婦関係がぎくしゃくすることもあるでしょう。でも、そのときに共に乗り越えていこうという気持ちを持っていれば、困難もプラスに転じます。ケンカばかりした夫婦が離婚もせずに何十年も一緒にいる。そこに、夫婦の夫婦たる何かがあるのです。年月を重ねながら、ふたりにしかわからない空気であったり、間合いであったり、理解がそこに生まれる。それもまた、素敵なことだと思います。

結婚の醍醐味は、自分が成長できること

そして、結婚はいいものだと思う最大の理由は、人間として成長する学びがそこにあるからです。夫婦以外にも、人間関係の中で学ぶことはたくさんあります。コミュニケーションを学び、心の機微を学び、人との距離の取り方や、優しさも思いやりも愛も、学ぼうと思えばいくらでも学べます。でも、結婚という関係以上に学び、心が

鍛えられる場は他にはありません。なぜなら、夫婦という近い関係、最も安心し合える関係、愛によって結ばれた関係だからこそ、まさにエゴとエゴのぶつかり合いになるからです。

友達や恋人なら許すことはできても、夫、妻だからこそ許せないことがあります。夫、妻だからこうしてほしい、ああしてほしい、ということも出てくるでしょう。自分がいちばん安心できる関係だからこそ、自分のエゴが出る。そして夫と妻のエゴがぶつかる。そこで切磋琢磨できるかどうか。相手を通して自分自身が見えてくる。その自分とどのように向き合い、成長のためのチャレンジができるか。これが、心の鍛錬になります。ですから、結婚生活というのは相手と向き合っていく以上に、実は自分と向き合っているのです。ある意味、これが結婚、夫婦の醍醐味なのです。

私が「結婚しよう」と決めたのは、結婚という大きな学びが自分に必要だと痛感したからです。できたら相手も同じように考えてくれる人がいいと思い、そしてそういう相手に出会うことができました。

私たちは自分の人生の脚本家であり、プロデューサーです。人生を創造していくのは年月ではありません。自分の物語をどう展開していくか。そこに『結婚』という大きな選択肢、チャレンジがあります。迷っているなら、一度自分で試してみたらいいと思います。一度、結婚してみる。うまくいかなかったら、そのときに考えてみればいいのです。守り、守られるものがあるのは、思いもよらないような強さを発揮します。今知っている自分がすべてではないのです。一度結婚してみる。醍醐味を味わってみる。覚悟とチャレンジです！

お姫様は白馬の王子様を待っていない

王子様という理想、守ってほしいという希望、ドラマチックな運命

結婚すると決めたら、捨てなければならないものがあります。それが、「白馬に乗った王子様」幻想です。小さい頃に読んだおとぎ話に出てくるお姫様と王子様は、いろいろな、困難な出来事の末に結ばれます。めでたし、めでたし。多くの女性の潜在意識には、この「めでたし、めでたし。」の物語がしっかりと刷り込まれています。「白馬に乗った王子様」幻想には、三つの局面があります。ひとつは、「王子様という理想」です。めぐり逢う人は、最高に素敵な人でなければなりません。ふたつ目は、王子様は、どんなことがあっても自分を守ってくれる人であってほしい。「守ってもらえるという希望」です。そして三つめは、「いつか素敵な王子様と出会う」という、

「ドラマチックな運命」。理想と希望と運命を同時に求めるのですから、これはハードルが高いです。

白馬はポルシェかベンツか。ひと昔、ふた昔前なら、そんな白馬も登場したかもしれません。王子様は、ハンサムで高学歴、高収入の優しい人。そして、背が高い。理想の結婚相手は、「3K」(高学歴、高収入、高身長)と一時期盛んに言われ、「3K」という言葉が流行りました。今、若い世代の低所得傾向が結婚に踏みだせない理由のひとつと言われています。白馬の王子様なんて……と思っていても、心の片隅にはきっと誰かが現われる、という期待の欠片があるものです。この「白馬の王子様」幻想が、結婚を人生のゴールにしてしまうのです。

そして、「私を守ってくれる人」。お姫様のように大切に扱ってくれる人。確かに、この気持ちはわかります。私を外敵から守ってほしいし、ピンチになったら助けてほしい。本当に愛する女のためなら、男は矢面に立って女を守る。男たるもの、私もこうあってほしいと思います。しかし、今の社会の中では、女性の方が頼りになる場面が多々あります。どうしたものか。このまま女性たちが男性的にたくましくなってしまうのでしょうか。

男性と女性の特質は、陽と陰と言われています。陽である男性は積極性の意識を持ち、責任、リーダーシップがあるというのが特徴です。守るものがあって初めて男は力を発揮できる。そういう意味で、女性が男性に「守ってほしい」と願うのは、本能的なものかもしれません。

自分は王子様にふさわしいのか？

ここでポイントになるのは、自分自身が男性に「守りたい」と思わせる女性かどうか……ということです。

王子様の条件は、何も見た目や学歴や収入のことだけではありません。自分をいちばんに愛してくれて、「何でも言うことを聞いてくれる」優しい人。理想の相手にこのような「優しい人」を挙げる女性はたくさんいます。優しくないより、優しい人のほうがいいに決まっています。でも、優しいってどういうことでしょう？

優しさもいろいろです。目に見える、わかりやすい優しさを持っている人もいれば、わかりにくいところで優しい人もいます。そんな人の優しさは、とても深いものがあります。目に見えるものだけに価値を感じる人は、男性のそんな優しさに気づくでしょうか？

どんな人と結婚したいかというのはとても大切なことです。理想を高く持つのも、いいでしょう。思考は現実化しますから、適切なイメージを持っていると叶うかもしれません。でも、考えてみてください。白馬に乗った王子様が結婚相手に選ぶのは、心のきれいなお姫様です。自分が望む理想の相手と自分は釣り合うのかどうか、一度よく考えてみましょう。

外見も内面も美しく磨き、教養があり、どんな話題にも入っていくことができ、どんな人に対しても同じ態度で、思いやりを持って接することができるでしょうか。美しい言葉を大切に、魂の高貴さを生きているでしょうか。

王子様を待つ前に、自分が「お姫様」になる

王子様に見初められ、プロポーズされるには、自分が「お姫様であること」です。王子様を見つけ出し、プロポーズするためにも、自分がお姫様スピリットを持つことです。心がお姫様であることが求められるのです。そして、白馬に乗った王子様を待っている女性の最大の試練は、物語の中のお姫様は白馬の王子様を待っていない、と

いうことです。シンデレラも王子様の出現を期待しながら掃除洗濯をしていたわけではありません。ディズニーの映画に出てくる白雪姫は「いつか王子様が」と能天気に歌っていますが、グリム童話の原作では家事をすることを条件に小人の家に住まわせてもらっている、それは生きるための選択だったのです。つまり、シンデレラと白雪姫のどちらにも邪心がない、生きることに精一杯なのです。

理想の相手の条件を元に男性と接しているということは、無意識のうちに相手を格付けしているということになります。おそらく、出身校や勤めている会社や仕事、趣味、乗っている車、家族関係など、即座にインプットされています。そして、これならいいとか、悪くないとか、この人は論外……と、無意識に心の中で格付けし、差別化していることはないでしょうか。つまり、条件だけに焦点をあてていくと、知らず知らずのうちに格付けしているのです。

このようなことは多かれ少なかれ、誰にでもあることです。ただ、これが行き過ぎると……嫌な女ですよね。女子会や、会社のお昼休みに女性たちがわいわいと、あの人はいいとかありえないとか男性を格付けしている会話は、とても聞けたものではありません。

白馬に乗った王子様と結ばれたいのならお姫様になること。それも、理想を並べ立てるお姫様ではなく、もっと凛とした美しい心と自信を持ったお姫様です。魂のお姫様をめざしましょう！

どんな出会いも運命的

そして、白馬に乗った王子様幻想の三つ目である「運命的な出会い」。多くの女性が心のどこかで「運命的」であることを願っている。それらは思いのほか心の奥深く、潜在意識に刻み込まれているのです。

でも、考えてみればどんな出会いも、実は運命なのです。小田和正の「ラブストーリーは突然に」のフレーズがそれを語っています。「あの日あの時あの場所で君に会えなかったら」そう、「今」はないのです。それを運命的と呼ばずして、なんと呼ぶのでしょうか。映画やドラマの中にあるようなドラマチックな出会いへの期待値が高いと、期待外れになることが多いでしょう。でも、愛する人との出会いは、たとえ日常の何気ないタイミングだったとしてもそれはドラマチックなことです。これをドラマチックだと思えるかどうか！　ここが幸せ感を味わえる感性を持っているかいないかいかの差になります。
王子様とお姫様の運命的な出会いに対する夢、期待は、「赤い糸」とか、「ソウルメイト」という言葉に密かに心震えてしまうことに通じます。結ばれる者同士は小指と小指が見えない赤い糸でつながっている。中国の故事、そして日本の三輪山伝説に由来する「運命の赤い糸」は、多くの女性たちの妄想力を育んできました。結ばれる人は、生まれたときから決まっているということは、この広い世界のどこかで、誰かが私を待っている。まだ出会っていないだけ……。そう思うだけでときめきを覚える気持ちを理解できます。でも見えない糸をたぐり寄せてみたら王子様ではなく、すぐ隣にいる人だった……。王子様と出会うよりも、こちらのほうが運命的な感じがするのですがどうでしょう？

「ソウルメイト」という言葉に、私も胸が震えたひとりです。過去生において何度も出会い、肉体を越えてつながっている魂。なんて素敵でしょう。過去生（それを信じる人であれば）でも一緒だったという、これもまた妄想の中の妄想ですが、ここに囚われすぎると判断を誤りかねません。ソウルメイトかどうか見極める目を鍛えなければなりません。それはまた2章で詳しくお話ししていくことにしましょう。

「結婚したい」ではなく「結婚する」で現実が動き出す

なぜ結婚したいか、書き出してみる

例えば、「ひとりは淋しいから結婚したい」と思っているのなら、その淋しさはどこからくるか考えてみます。心のどこかで、人を渇望していないか。依存だとしたら、その依存のきっかけは何なのか。「ひとりは淋しい」→結婚したい。「いい年だから」→結婚したい。「世間体があるから」→結婚したい。これらの動機は、どちらかというと後ろ向きです。マイナスを埋めるための結婚のように思います。そのマイナスはどこからくるのか。ここに、自分でも気づいていない自分の思いがあるのです。

結婚したい理由を前向きな文章に書き直してみましょう。「ふたりだと楽しい」→結婚したい。「今がタイミングだから」→結婚したい。「自分のために」→結婚したい。

文章をポジティブな動機に変換することで、わくわくしてきませんか？　言葉、表現の仕方を変えるだけで、一歩踏み出すことができます。もうひとつ言うなら、「結婚したい」を「結婚する」に替えてみましょう。この決意の言葉が、背中をどんっと押してくれます。心が定まらないときには、言葉の力を使って行動していきましょう。「結婚したい」を「結婚する」と言い続けることで、現実が動き出すのです。

思考は現実化します。夢を実現していくために大切なこと。引き寄せの法則です。夢を実現したいと思えば、夢が叶ったイメージを強く持つこと。こうなりたいという自分の姿をビジュアルでしっかりと捉えることです。この法則について書かれた『こうして、思考は現実になる』（パム・グラウト著、サンマーク出版）では、思考が現実化するいくつかの実験が紹介されています。たとえば、四十八時間以内に「黄色い蝶」を見る、と決めます。イメージするだけでなく「決める」。ここがポイントです。

私がこの実験をしたのは一月。蝶が飛んでいる季節ではありません。決めてすぐに、黄色い蝶がデザインされたカードを見つけました。そして二日目に、友人宅でお茶菓子に出されたのが黄色い蝶の形のお干菓子でした。まさに（こう来たか）という感じです。やはり、実験して自分で体験してみると、確信が生まれます。

「結婚したい」というのは莫とした希望です。言葉の強さを口に出して比べてみましょう。

「結婚したい」

「結婚する」

どちらの言い方に気合いが入りますか？　言葉の違いで気合いの入り方が違う。それはやる気につながります。おへその下、十センチあたり、気のエネルギーがたまる『丹田』という場所があります。これは解剖学的には存在しませんが、気功の世界で存在している部位です。ここでしっかりと覚悟をする。頭で「結婚する」と考えず、この丹田のあたりにしっかりと根を降ろすように「決意」するのです。ぶれずに、惑わされない思考を現実化するために、言霊を活用して、自分を高めていきましょう。

「結婚することに決めた」と宣言する

結婚する覚悟を決めたら、身近な人にその覚悟を伝えましょう。三十五歳のときに結婚すると決めてから、私も言葉に出して伝えました。

「私、結婚することに決めたの」

すると、大抵の人はこう聞きます。

「誰と？」

「魂磨きができる人と」

このように答えると困惑する人もいるのですが、これもひとつの種蒔きです。結婚する意志があることを伝えることで、気にかけてもらえます。結婚したいという意志を人に伝えておくと、出会いのきっかけが生まれるかもしれません。そしてこのように自ら言葉にしていくことで、脳は「結婚する」という情報を取り入れていく。そうして潜在意識に刷り込んでいくのです。

このように目的を決めて宣言することをアファーメーションと言います。結婚についても、アファーメーションを活用するのは有効です。

「魂磨きができる人と結婚する。そして自分らしく輝く」

ぜひこの自分へのアファーメーション、宣言に未来の自分のイメージを重ねてみてください。わくわくする、心が湧き立つようなイメージを持つことがポイントです。

私と同じように、三十代の半ばで「結婚する」と決めた友人がいます。彼女は、何度もお見合いし、友達の紹介で何人もの人と会っていました。恋愛ではなく結婚という視点で相手と向き合うので、とても冷静でした。好きとか嫌いということではなく、相手が自分と合うかどうか、相手のしていることを素敵だと思えるかどうか、ずっと寄り添って生きていきたいと思えるかどうか、自分に問いかけながら会ったと言います。結婚すると決めてから一年半くらい経った頃でしょうか、彼女は自然体のままでいられる素敵な人と恋愛結婚し、子どもにも恵まれました。いろいろなことはありますが、それも多くの学びにしながら女性として穏やかに輝いています。

何事も決めなければ先に進みません。結婚は相手があることですから、すべてがプラン通りには進まないかもしれません。でも、そこをも切り開いていくところに面白みを見いだしていくと、人生はまさに冒険の連続です。覚悟することで現実が動き出します。夢が叶うの「叶う」という字は口に十。叶えるためには、どんどん語ること。百人に語ったらひとりくらい味方になって助けてくれる人が出てくるかもしれない。千人に話したら十人くらい仲間ができるかもしれない。「結婚する宣言」も同じことです。

ただぼんやりと結婚について考えるよりも、しっかりと決めたことで腹が据わります。誰と結婚するか未定でも、魂の方向性が決まったことで、結婚についてだけではなく、仕事や人間関係の中でもぶれることがなくなるのです。「結婚したい」から「結婚する」へ、大きな一歩を踏み出していきましょう。

あなたの心の声に、
耳をかたむけてみてください。

「もう若くはない」と感じた時、今の生活の先に幸せになる道が見えていますか？

「いいえ」もしくは、「はい」と答えることに違和感がある⬇人生を見つめ直す時期がきています。「結婚」を視野に入れてみませんか？

第2章

「誰と」ではなく「どんな人と」結婚したいですか？

自分の中を見つめ、本当に自分が求めているものにリーチする

数年後の自分を想像すると、本当に求めているものが見えてくる

あなたが本当に求めているもの、ほしいものは何ですか？　あなたの人生をより充実させるために、何が必要だと思いますか？　単刀直入の質問です。すぐに答えられるでしょうか。私が三十代の初めに入ってしまったトンネルは、まさにこの問題でした。仕事は順調なのに、これでいいのか、何を求めているのかわからなくなった。このミッドライフ・クライシスは、白雪姫が森の中に入っていった状態でした。私たちは、「自分のことは自分がいちばんよく知っている」と思っていますが、私のミッドライフ・クライシスは、そうではないことを痛感した出来事でした。でも、このトンネルが、結婚へつながっていくのです。

今、目の前にある問題は自覚できています。片付けなければならない仕事、身体を整えること、必要な学び……。今の自分の状況は、よくわかります。では、一年後、五年後、十年後の自分をイメージできるでしょうか。イメージの中の自分は、何をして、どんな表情をしているでしょうか。満たされている感がありますか？　幸せですか？

実は、**数年後の自分をイメージできるかというのは、自分が本当は何を求めているのかを考えるときに重要なポイントになります。**無理矢理イメージをつくっていくのではなく、自然に未来の自分がイメージできるかどうか。トンネルの真っただ中にいるとき、私は未来の自分をうまくイメージすることができませんでした。仕事をしているとは思うのですが、ぼんやりしているのです。いきいきと仕事をしている自分を想像して、そこに本当に求めているものがあることがはっきりとわかると、未来のイメージがくっきりと見えてきます。そしたら、そこへ向かって進めばいい。めざす境地がクリアになるので、意識も無意識も動き始めるのです。

本当はパートナーを求めているけれど、もう自分には無理、いい人がいない、誰とも出会わない、誰かと出会いたい……と思っているなら、もう一度自分自身に聞いてみてください。本当に求めていることは何か？　自分に正直になって聞いてみる。自由でいたいと思うなら、自分にとって自由とはどういうことか考えてみてください。誰にも拘束されず、誰のことも気にせず、自分の思うように生きていきたいのであれば、自由な自分をイメージしてわくわく、そして幸せな自分をイメージしてわくわくしてみてください。さあ、どうでしょうか。うれしくなってきますか？

本当に自分が求めているものは、頭で考えても意外とわからないものです。頭で考えたなら、安心安全な場としての家庭、生活の安定。幸せな生活、張り合いのある仕事……。それらは具体的でありながら、実は莫としています。

例えば安心安全な場としての家庭……確かに、今私がいる場所は安心安全です。では、自分にとって安心安全とはどういうことでしょう？　それは生活の安定かもしれません。穏やかで、安定した仕事をしている夫かもしれません。でも、もう一歩、二歩踏み込んで考えると、「自分がどんな状態になっても受け入れてもらえる場」かもしれません。また、「自分の思いを安心して打ち明けられる関係」かもしれません。そこで次に進んで考えてみると、自分は本当に自分の気持ちを伝えられているだろうか。本当の気持ちって？　と、どんどん深く入っていきます。このプロセスが、白雪姫が森に置き去りにされてしまうことに象徴されている自分探しです。無意識の中を探求するプロセスです。

自分探しという言葉はずいぶん使い古されてしまった感があります。使い古されたからと言って必要がなくなったわけではなく、二十代後半から四十代にかけての迷い悩む時期にしっかりと自分の中を見つめ、クリアにするものはクリアにし、本当に自分が求めているものにリーチすることは、その後の人生の飛躍、生きやすさにつながります。クリアになると、未来のイメージがより具体的に描けるようになるのです。

私は三十代の半ばに『トンネル』を通り抜けたことで、自分の魂の成長のために必要なことは結婚だと気づきました。誰かと責任を分かち合いながら生きることで、自分を磨いていく。強い自分も弱い自分もさらけ出すこと、相手に委ねること、自分の気持ちを伝えられること。これが私の課題でした。私は長女で「お姉さんなのだからしっかり、お手本になるように」と言われて育ちました。妹弟がいれば、親ならこう言うでしょう。でも、私の場合は、しっかりして、親に心配をかけないようにするあまり、つらいことがあっても人に相談することなく、できるだけ人に頼ることなく、多くのことを引き受けて生きてきました。一見、すばらしく自立しているようですが、誰にも委ねることができない生き方はしんどいです。ですから、あえて「誰かに委ねる」というチャレンジをする必要があったのです。言い方を替えると、その課題に取り組むには、結婚がいちばんよかったのです。

今、困っていることは何か？

何をしていいのかわからない。求めているものがわからない。そうであれば、「今、困っていることは何か？」ということを考えてみてください。まず、わからないこと自体が困っていることだということに気づくこと。そこが自分を深めていく入口になります。何をしていいのかわからないのであれば、目の前のことを徹底的にやってみることです。そして、やったことのないことをやってみることです。失敗しても命はとられない。何事もやってみなくてはわからない。結婚も同じことです。頭の中で、できるかできないか、うまくいかないんじゃないか、大変なのではないかと考えているより、一度結婚して自分で経験してみればいいのです。ジェットコースターに乗らなければ、ジェットコースターがどういうものだかわからない。体験に勝る学びはないのです。

結婚相手としてふさわしい人の「条件」

今つきあっている人で本当にいいの？

「誰と結婚するか」という視点から、「どういう人と結婚したいのか」へ視点を変えていく。これから結婚をしようとする人にとって、ここは重要なポイントになります。

今、恋人がいる人であれば、その人との結婚を考えているでしょう。好きな人、愛する人と結ばれたいと、誰もが思います。ではその人が結婚の相手としてふさわしいか。そこがポイントです。

今、つきあっている人からプロポーズされた時、どんな気持ちになるでしょうか。

プロポーズされたその瞬間に心にぱっと浮かんだ思いです。

（うれしい！　その言葉を待っていたの）

と自分が反応するといいのですが、イエスと答えたものの、実はこんな反応も少ないのではないかと思います。

（本当にこの人でいいの？）

これは迷いではなく、直感です。自分の本能とも言える感覚からのメッセージです。恋人が夫になりうるか。感情を差し引いて、一度冷静に考えてみましょう。恋人にはらはらすることはないか。遊びにお金をかけすぎていないか。浮気性ではないか。何を考えているかわからないことはないか。女性にもてる男性は素敵です。魅力的だからもてるのです。また、ちょっと困り者なのが、ミステリアスな雰囲気の男性です。全室南向きではなく、北側に開かずの部屋がありそうな……陰のある男。なぜか、女性には魅力的に映ります。

お金遣いの荒い夫は大変です。ギャンブル好きな人も、困り者です。

陰のある人は、一緒に暮らすのにはつらくなりそうです。もてる男性は魅力的ですが、どんなふうにもてるかが問題です。つまり、恋人としてはつきあっていて楽しい人が、果たして結婚相手としてふさわしいかどうか……ということなのです。もちろん、自分たちが幸せであればそれでいい。好きな男性のためなら苦労を厭わなくても構わないのです。その中で自分が幸せで、自分らしく輝けたらいいのです。でも、心の片隅に留め置いてほしいのは、恋人として楽しい人が、結婚相手としてふさわしくない場合もある、ということです。恋愛のはらはらも、どきどきも、振り返ると素敵でした。恋をしているからこそ味わえる醍醐味です。結婚したら変わるかもしれませんが、もしかしたら（本当にこの人でいいの？）と思ってしまうかもしれません。

結婚相手にふさわしい人とは

では、結婚相手としてふさわしいのは、どのような人でしょうか。

❶お互いに同じ方向を向いている人。大切にしているものが近いこと、つまり価値観が近いことが大事です。例えば、観光に興味がある人と、買い物をしたい人が旅行に行くと、お互いにストレスが溜まるでしょう。大切にしている信条が近ければ、お互いの深いところをわかり合えるでしょう。神様を信じている人と、信じていない人が一緒にいるのもなかなか大変そうです。例えば、言葉を仕事にしている私の場合、言葉を大切にしない人とは一緒に暮らせません。同じことで感動できることが大切なのです。同じ光景を見て、同じ歌を聴いていいなあと思えること。分かち

合えることの豊かさを味わえる人です。

❷責任を取れる人。世の中で起こることを見ていると、最近責任を取らない人が増えているような気がします。他人のせいにしているのが周りには見えているにもかかわらず、責任逃れをしている男を見るとがっかりします。責任をきちんと取れる人は、人間的な器の大きさを感じます。また、自分の行動に責任を持つこと……有言実行する、義務を果たす、約束を守る。あたりまえのことをちゃんと果たせる人でなければなりません。

❸ポジティブ思考であること。ネガティブなことに目がいく人は、問題点にばかり目が行き、物事を建設的に解決する方向へ向きません。批判することが多く、悲観的なことばかりに意識が向きます。ポジティブな人は、ピンチをチャンスにします。それは仕事ばかりでなく家庭の問題でも同じです。結婚は創造性を発揮できる場ですから、前向きなエネルギーにあふれていることが大事です。

❹自分を高めようとしている人。人間として成長しようという意識があり、努力をする人。

❺尊敬できる人。その人のやっていること、その人の生き方、考え方、人間関係の築

き方……。別に偉業を成していなくてもいいのです。特別でなくていいのです。その人を敬うことができるかどうか。出会えてうれしい、と心から思えるかどうか。これは、結婚相手に限らず、いい出会いを紡いでいくポイントです。

❻気持ちを伝え合える人。何を考えているのかわからない人よりも、気持ちを伝えやすい人。ふたりの関係というのは、お互いの気持ち、考えていることを伝え合いながら築いていくもの。そこにひとつの世界が出来上がります。話しにくい相手であれば、そこに澱みができます。それは、ふたりの世界のエネルギーを削ぐものになるでしょう。

その人と一緒にいるときの自分が好きですか？

小説『かもめのジョナサン』の作者であるリチャード・バックが妻とのパートナーシップについて書いた『翼にのったソウルメイト』（マガジンハウス）を読んだとき、ああ、ソウルメイトと結ばれたい！　と思ったものでした。ソウルメイトについて、リチャード・バックはこのように書いています。

「ソウルメイトとは、私たちの持っている鍵にぴったりあう錠を持っている人、そして、私たちの錠にぴったりあう鍵を持っている人」

「ソウルメイトとは、私たち自身の人生を真の人生にしてくれる人」

その人といると、いちばん好きな自分でいられる。ありのままの自分でいられる。同じ方向を見つめ、共に成長していける人。どんな人と結婚したいかということは、いちばん好きな自分、ありのままの自分を見つけることなのかもしれません。

結婚相手としてふさわしい人の『条件』を挙げましたが、これは一方的に相手に求めるものではありません。このような相手を求めるのなら、自分自身を高めていく努力をすることです。相手を「選べる」人は、すでに「選ばれる」人ということを忘れずにいましょう。魅力的な人を求めるなら、自分が魅力的であることです。自分のことを棚に上げて条件ばかりを並べていても、『本物』とはめぐり逢えません。王子様がいくつもの戦いを経験して成長していくように、お姫様も苦労をしながら心を磨き、成長していくのです。

外見ではなく、心の美しさを見抜く目を持つ

王子様がハンサムとは限らない

『美女と野獣』という物語は、パートナーシップの在り方についてよく示していま す。私たちが外見と学歴、肩書きだけの理想を求めていては、心を磨くことはできま せん。王子様と結婚するには、王子様にふさわしい人になる。言い換えると、王子様 がプロポーズしたくなるような自分になることが大切です。

でも、王子様がハンサムとは限らない。何も持っていないかもしれない。そして、もしかしたらあなたの望むようなプロフィールを持っていないかもしれない。それでも、王子様たる男性がいます。果たして、今の価値観と審美眼のままで、王子様を見抜けるかどうか。ここでヒントになるのが『美女と野獣』という物語です。

「美しい」「美」という名前を持つベルは、父親の身代わりになり野獣のお城に幽閉されます。幽閉と言っても、淋しい野獣はベルを女王様のように扱い、大切にします。野獣が、自分は醜いだけでなく、知恵もない愚かものだと言うと、ベルはこう答えます。

「バカだなんてとんでもない。自分で知恵がないとお考えになっているくらいです。愚かなひとって、自分じゃそんなことぜったいわからないものです」

さらにベルは「あなたは醜くない」と言います。そして、野獣の、自分に対する心遣いに深く感謝をします。野獣はベルに結婚を申し込みます。でも、ベルはやはり野獣に対する恐怖心からきっぱりと断ります。それからいくつかの出来事があり、ベルは野獣の中にある善良さに気づきます。そしてプロポーズを受けた瞬間に、野獣の魔法はとけ、王子の姿に戻るのでした。

ここで見えてくるのは、ベルの聡明さです。外見で判断をするのではなく、野獣を深く洞察しています。ベルは、外見の醜さの向こう側にある心の美しさを見抜く目を持っています。また、たとえ野獣であっても善良で、自分を大切に愛してくれることを受け取り、プロポーズを受け入れます。これはとても勇気のいることです。心の眼を持ち、勇気あるベルは、結婚への怖れ、ハードルの越え方を教えてくれているようです。

よく考えてみると、他人と一緒に暮らし、一生を共にするというのは、大変なことです。結婚はとても勇気のいる決断です。育った環境も、生きてきた道も違う人と暮らす。新婚の頃は、うれしく楽しくも、自分たちの感覚の違い、暮らし方の小さな違いをひとつずつ越えていく作業でもあります。ですから、野獣の善良さに心打たれ、結婚を受け入れるというベルの勇気ある決断は、何がいちばん大切なのかを教えてくれています。ベルは、自分がいちばん大切にしている価値観に正直に選択したのです。ここは重要なポイントです。自分の価値観に正直であったからこそ、野獣の姿の奥にある善良さに気づいたのです。心の眼が開いて初めて見えてくる世界に、「本物」があったのです。

外見だけでなく、相手の内面で判断する

さて、ベルと野獣の結婚は「物語」ですが、とても大切なことを教えてくれています。私たちが誰かと出会う時。まず入ってくる情報は外見です。相手の顔かたち、体

型、立ち姿、ファッション、髪型……。おそらく、この段階で無意識的に仕分け作業が行われています。顔立ちはともかくも、その人のセンス、どんな小物を持っているか、清潔かどうか。特にチェックしようと思っているわけでなくても、いろいろなものが目に入ります。人は見た目が九割、という本もありました。

確かに見た目、その人のファッションは、その人を語ります。ただ、それだけで判断してしまうのは、あまりに狭量と言えるでしょう。外見の奥にあるその人の人間性に触れた時、そしてそれが理由もなく胸に響いた時にご縁が生まれるのです。

私と夫は、共通の友人の紹介で出会いました。半分、お見合いのようなものです。事前にプロフィールだけ聞いていました。そして、待ち合わせのレストランに登場した夫はとても痩せていて、肩にかけた鞄の重みでジャケットがずりっと下がっていました。おまけに頬も顎も髭に覆われていて、これまでに会ったことのないタイプの人だったのです。若い頃の私であれば、それだけで友達以上の対象には考えられなかったでしょう。でも、髭面の奥にあるきらっと光るものが見えた時、魂磨きができる人だと思いました。そして、一緒に歩んでいってもいいなと思えたのです。

相手にポジティブであることを求める前に、自分がポジティブであることです。そして、表層だけで相手をジャッジしない自分でありたいものです。私たちは自分のフィルターを通して、人をジャッジして、批判してしまうものです。必要なジャッジは大切です。でも、相手の表層だけをとりあげて、ああだこうだと言うのは大人とは言えません。

心にフィルターをつけるのではなく、心の眼を開いて人を見てみましょう。心の眼を開くためには、愛をもって世界を見つめることです。その人の「愛すべき点」を見つけていくことです。たとえタイプでない人であっても、何か見つけられると思います。批判のフィルターでなく、愛をもって人と向き合うと、その人のいいところが見えてきます。人のいいところ、きらっと光るものが見えてくると、本物、本質がわかってくるのです。

理想の結婚相手のイメージにとらわれない

「結婚したいと思える人がいない」理由

二〇一六年に国立社会保障・人口問題研究所が、十八歳から三十四歳までの未婚者のうち、恋人がいない男性は七割、女性は六割にのぼり、一九八七年の調査以来、過去最高になったと発表しました。男女とも結婚したいと考えている人は八割超いるのですが、「希望と現実のギャップが大きく、結婚を先送りするうちに交際自体に消極的になっている傾向がみられる」との分析がなされたそうです。

希望と現実のギャップ。白馬に乗った王子幻想、白馬に乗ってこなくてもいいけれど、「自分をいちばん愛してくれる人」がいいという人、「信頼できる人」がいいという人もいて、みんなさまざまな希望、幻想を持っています。それはそれとして、「結婚したいと思う人がいない」というのは、結婚したいと考えながら独身でいる人たちの本音ではないでしょうか。

私自身、この気持ち、よくわかります。若いときの恋愛なら、（この人と結婚するかもしれない）という甘い予感があったりします。予感がしないまでも、（この人と結婚したらどうなるか）などと想像したものです。理想が高いとか、低いという話ではないんですね。「結婚したいと思う人がいない」というのは、相手に自分の背中を押してもらうことを期待している状態。（私が結婚したいと思わせて！）という、どこか他力本願的な気持ちがあるのです。このままではなかなかむずかしい。その前に、「背中を押したくなる女」にならなければなりません。「結婚したいと思う人がいない」症候群から脱出するには、自分はまだ結婚する気がない、実はそれほど焦っていないことに気づくことです。

三十代になってからの恋愛は、つきあう前にすでに『結婚』という二文字が浮かびます。つきあったら、道は三つ。ずっとつきあうか、別れるか、結婚するか、です。もっと自由に、結婚などという呪縛から解き放されて恋愛ができたらどんなに素敵だろうと思うのですが、ほとんどの人はこの二文字を拭いきれないのではないかと思います。そうなると、恋愛自体に慎重になります。若い頃のように簡単に人を好きになれない自分がそこにいるのです。

自分なりの理想があり、その『型』から出られないということもあります。結婚するならこんな人がいい、というイメージががっちりと固まっていると、イメージから外れる人には反応しにくくなります。結婚相手へのイメージを持つことは大切……でも、自分の固まったイメージにコントロールされていては、柔軟性に欠けてしまいます。人生、いつなんどき、どんなことが起こるかわからない。ある日突然、雷に打たれたように我を忘れてしまう恋に落ちるかもしれない（白馬に乗った王子ならぬ、落雷願望ですね）。言ってみれば、結婚というテーマについてもハンドルの遊びの部分を持っていることが大切なのです。

女性の目が肥えている、ということもあるかもしれません。特にキャリアを積みながらバリバリ仕事をしている女性たちは、優秀な男性と多く接しています。結婚したくなるかどうかは別にして、学歴も仕事も目に見えてできる男性を知っているわけです。そうなると、基準が彼らになる。すると、悲しいことにそうでない男性はもはや「下々」となり、対象外になります。

また、草食系男子は友達にはいいけれど、夫となるといまひとつ頼りないと、上昇志向の男性を好む女性たちは思うかもしれません。一方、自分が仕事をしやすく、自分の思う通りの結婚生活をしたいと思ったら、真面目で優しく、争いごとを避ける「草食系男子」がいいと考える女性もいると思います。相性と好みが必ずしも一致しないのは悩ましいことです。

またバーチャルな世界に傾倒している男性たち……いわゆるオタクと言われる男性は、なかなか結婚の対象になりにくい。オタクの人たちの年齢が上がってきているので、結婚率はさらに低下していくのではないかと懸念されます。そして、別に恋人はいらないと思っている男性が、三割いるとのこと。この三割の半数以上はオタク男性なのではないかと推察します。

常に心をやわらかくしておく

結婚には理性が求められます。と同時に、「これだ！」と思ったら、瞬発力、勢いも必要になります。頭と心とタイミングのバランスをはかるには、やはり日頃から意識して整えておく必要がありそうです。

たとえば、感動力が下がっていることも、心が動かないひとつの原因です。よほどのインパクトがなければ、心がゆらがなくなっている。最近、感動することがあまりない……。もしもこのような傾向があるとしたら、それは心そのものが固くなっているのかもしれません。誰かを好きになるとき、愛するとき、心はとても柔らかくなっています。心が柔らかくなくして、人を好きになることはない、と思います。誰かを愛すると傷つきやすく、せつない歌を聴いても、小説を読んでも、心がゆれるのです。何を見てもその人を思い出し、すべてのものにその人を思うのです。恋をしている人の感受性はとても豊かなのです。

ですから恋することから離れていると、運動しないと身体が固くなるように心が固くなります。固く……まではいかなくても、感動力が少し鈍くなっていきます。そうなると、人のいいところにも反応が鈍くなる。うれしいことがあっても、前のように心に響かない……。このような心の悪循環が始まります。

心が動かないと感じた時は、昔、恋をしていた頃の音楽をたくさん聴きましょう。ただ聴くだけではなく、その音楽の中に自分を閉じ込めるように、想い出の中に自分を追い込んでいく。そして、せつなさや胸がきゅっとするような感覚を追体験し、思い出すのです。

何事にもウォーミングアップが大切。誰かを好きになる気持ちを思い出し、感受性を柔らかくすると、心に飛び込んでくる光景が違ってきます。それまで何とも思わなかった男性のふとした素敵なところに気づくことがあるかもしれないのです。

そして、最後に。くれぐれも昔の人への思いを復活させて無茶な暴走はなさりませんように。

男が夢を語る時は、少しだけ身を乗り出して

こんな夢を語る男は要注意

若い頃から、私は男の人が夢を語り、旅の話をするのを聞くのが好きでした。本気の夢を語っている男はセクシーです。もちろんそれがはったり話であったり、あまりにも現実的でなかったり、自慢話になると興ざめですが、夢を語るときの男は、どこか少年のようでもあるのです。そして、夢を語る男に、女は惚れます。その夢のそばにいたいと思う。

でも、そこで重要な見極めがあります。第一に、その夢に邪気はないか、その夢に現実逃避願望がないか、ということです。その人がどういう夢を描いているのかということなのですが、もしもそれがコンプレックスを解消しようとするものであったり、

誰かと競い合うことであったり、自分の欲のために叶えたい夢であると、共感しにくいものです。特に、その夢の根底にコンプレックスを解消するという目的があり、誰かを見返したいというエネルギーが原動力になっている場合は、そばにいるのはきついと思います。

たとえば、裕福ではない環境で育ったから、○○で成功して裕福になりたい、という思いは多くの人が抱くこと。今よりも成長して、何かを成し遂げたいということには大いに共感できます。成長する、進化していく意欲がなくてはつまらない。それがポジティブなエネルギーで動いているのなら、夢を叶えていく大きな力になっていくのです。

また、夢見る夢男ではないですが、現実逃避をしたいための妄想のような夢、自己認識が甘い夢には共感しづらいものがあります。まだ夢を叶えるためにスタートしていないにもかかわらず、すっかり叶ったような気になって満足しているような……。彼らは、夢見ることをあきらめることもないし、次から次に夢を描きます。私はこのようなタイプの人を「虹を追う男」と呼んでいます。または「ほら吹き男爵の冒険」とも。

第二に、その夢の実現に向かって、彼がどれだけ現実的であるか。つまり、地に足をつけて、夢を語り、夢を叶えるために知恵を出し、努力を重ねているか、努力とまではいかなくても、その夢を叶えるためのマイルストーンを置いているかどうか。夢を語るだけはただですが、実際に進んでいくとさまざまな苦労があります。お金に困ることもあるかもしれないし、周りの理解を得られないこともあるかもしれない。ハードルが高ければ高いほど、こちらの精神力、忍耐力、跳躍力が必要になります。それを楽しんでできる人は素敵です。

ブリキのおもちゃ博物館館長である北原照久さんが夢を実現していった話は有名です。おもちゃのコレクションを多くの人に見てもらうためには、おもちゃを保管するための博物館が必要になる。でも、それには資金がない。博物館なんて……と反対する人も多くいたそうです。でも、北原さんが多くの人に熱く自分の夢を語るうちに、賛同してくれる人が現れます。そこで何とか資金を調達して横浜にブリキのおもちゃ博物館を作りました。その頃は、本当に大変だったことと想像します。その北原さんを支える奥様もご苦労があったと伺ったことがあります。

私利私欲の夢でなく、大好きなことを叶えていくための苦労や困難は、苦労し甲斐のあることです。そしてこうした北原さんの夢の実現が、多くの人を楽しませ、励まし、勇気づけていることがすばらしいと思います。

夢を聞けば彼の価値観がわかる

では、なぜ男は夢を語りたがるのでしょうか。男は誰にでも夢を語るわけではありません。自分を大きく見せたいために「俺ってすごいだろう？」という自慢話をする男はいます。二十代なら「わあ、すごい、素敵」という反応になるかもしれませんが、三十代、四十代の女性なら「あー、はいはい」となるか、右から左に話を流しながら「すごいですね」「さすがですね」と言えるかもしれません。「俺ってすごいだろう？」男も、自分を大きく見せてほしい相手に言うので、こちらもそのつもりで聞いていたほうがいいですね。

男性は、自分の夢を知っていてほしい相手に夢を語ります。それは仕事につながる人に対してかもしれないし、一緒にいたい女性に対してなのかもしれません。自分が目ざしていることを理解してほしいと思う人に伝えます。このとき、女性は注意深く相手の話を聞いてほしいと思います。男性が真剣に語る将来の夢の中に、その人の価値観や、何を大切にしているかということが織り込まれているからです。ざっくりとした例えですが、「成功してフェラーリを乗り回したい」という夢のゴールから、その人が大切にしていることを感じとってみましょう。あまりにもわかりやすい例ですが、その人の自尊心を満足させるのは、唯物的なことだということがわかります。

例えば、みんなが気軽に行けて、身体に優しく、おいしく素敵なオーガニック・レストランを全国につくりたい、という夢があるとします。そこに「健康を大切にする」「自然を大切にする」というその人のポリシーが現れています。そして多くの人を喜ばせたい、という利他的なゴールがあります。その事業で成功してフェラーリに乗れるのは、結果でしかありません。

自分自身の価値観を試されていることなのです。男の夢のどこに共感し、共鳴するか。それは、自分の価値観を明文化するのはなかなか難しいことですが、こうして相手の夢、話の中から純粋に心に響き、共感共鳴するものがあるかどうかで、相手のことも自分のことも見えてくるのです。

男が夢を語りはじめたら、少し身を乗り出して聞く。それが「ちゃんと聞いていますす」というメッセージになります。男は、自分の夢を語りたい性分なのです。まずは、その思いに応える。そして、全然共感できなかったら……そっくり返って聞いてもいいかもしれません。

男の語る夢を聞く。そして女も夢を語る。これは、お互いを知り、お互いを高めていく関係が生まれるプロローグなのです。

あなたの心の声に、
耳をかたむけてみてください。

あなたはどんな人と結婚したいですか？

具体的に答えられる人⬇あなたはいちばん好きな自分、ありのままの自分を知っています。自分の価値観に正直であれば、外見の奥にある真の姿を見極められるでしょう。

「？」と思った人⬇まずは自分の価値観を知ること。求めているものがわからない時は、「今困っていることは何か」ということから考えてみましょう。

第3章

結婚を引き寄せる〝秘訣〟を知っていますか？

おとぎ話の主人公たちに学ぶ、結婚をつかむ姫力

女性の成長物語としてのおとぎ話

私たちが小さい頃から慣れ親しんだ数多くのおとぎ話。そして、ディズニー映画のプリンセスたち。おとぎ話あってこその白馬の王子様なのですが、実は多くのおとぎ話の原作はとてもグロテスクです。たとえば、『シンデレラ』（原作『灰かぶり姫』）では、ガラスの靴に合うように、継母は姉たちの足先と踵を切り落とします。そしてそれを勧めたのはなんとシンデレラだったという……。また『白雪姫』では、白雪姫は首を絞められたり、毒を塗った櫛で気絶させられたり。童話というより猟奇的サスペンスと言いたくなるような場面が数多く登場します。私たちが知っているファンタジックな物語は、後に書き直されたものなのです。

では、なぜおとぎ話はこのようにグロテスクなストーリー展開なのでしょう。なぜ、最後には王子様と結ばれてハッピーエンドになるのでしょう。また悪い魔女や女王は残酷な状況で最期を迎えます。おとぎ話はもともと口伝であり、神話や伝説と同じです。神話も伝説もさまざまなメタファー（例え）を通して、私たちの無意識に働きかけます。つまり、物語を通して、物事の善悪、ものの道理、冒険する勇気、問題にどう立ち向かっていくか……さまざまなことを示唆しているのです。

そこでお姫様物語が何を伝えているのか。ここに、白馬の王子様幻想を覆すテーマがあります。多くのおとぎ話は、女性が自立していくプロセス、そして女性の霊性の成長の段階を追って表しているのです。このようなお姫様物語のプロセスをしっかりと体験し、成長できたとき、白馬の王子様……理想の結婚相手と出会うでしょう！ぼんやりと「いつか王子様が……」なんてのんきなことを思っていないで、しっかりとお姫様修行をしましょう。

白雪姫に隠された女性の成長ストーリー

では、『白雪姫』から、女性の成長のプロセスを詳しく読み解いていきます。『白雪姫』は、女性が母親を乗り越えて自立していくテーマがメインとされていますが、私はここに女性が結婚できるようになるまでのプロセスもあると考えます。

白雪姫の実の母は亡くなり、白雪姫に嫉妬する継母が登場します。原作は実の母親になっているようですが、継母でも実母でも同じことです。心理学では、母性にはふたつの側面があると言われています。これを太母と否定的太母といいます。太母は、子を慈しむ聖母のような面であり、否定的太母は子に嫉妬し、鬼婆や魔女のように子をコントロールし、食い殺してしまう面です。誰の母性にも、この相反する二面性があります。

否定的太母は、いつまでも子離れしない母、子どもを所有物のようにコントロールし、自立していくことを阻む母親です。たとえば、過保護すぎるのもコントロールの範疇にはいるでしょう。虐待やネグレクト、遺棄もこの面の現れです。でも、私たちは否定的太母に自分の人生を邪魔させるわけにはいきません。そこで、「親殺し」をします。もちろん、本当に殺すのではなく、無意識の中で親を乗り越えていくプロセスを経験するのです。これは成長のための通過儀礼です。例えば、思春期は親を拒絶したくなります。これも「親殺し」を無意識の中で体験していると言えます。また、親が死ぬ夢を見ることがあります。これも夢という無意識の中で乗り越えていくべき親を殺しているのです。昔話には鬼退治や魔女の話がよく出てきます。これは、否定的太母を乗り越えていく試練について描いているのです。

白雪姫の継母は、狩人に白雪姫を森に連れて行き、殺すことを命じます。愛らしい白雪姫に手をかけることができなかった狩人は、白雪姫を森に置き去りにします。森は、「無意識」のシンボルとして捉えることができます。自分の無意識に出会う、自分の無意識にあるものを探究することが次のステップになります。自分を深掘りし、自分を知る、ということです。

そして森（無意識）で出会うのが七人の小人たち。小人たちの仕事は鉱脈掘り、鉱夫です。森の中の、地下深くにある宝石を探し求める……それは、自分の中にある宝物、才能、可能性を探すということに通じる創造的な作業です。小人たちは、創造性を持つことの大切さ、創造的精神の力を持つことを示しています。

母親からの独立、性的欲求の現れ

ここまでを、現代の女性と重ね合わせてみます。まず、母の価値観、他人の価値観に惑わされない自分になること。そして、自分について知ることです。自分はどういう人間なのか。自分にはどのような特質があるのか。自分は、本当はどうなりたいのか。そのためにはどうしたらいいのか。自分自身を深掘りしていく。自分の中にある鉱脈を探すのです。自分を知ること。この重要性を、森に住む七人の小人が表しているのです。

家事をすることと引き換えに小人の家に住むことになった白雪姫を、継母は変装して近づき、三度にわたって殺そうとします。物売りの老婆に変装した継母は、三回目に毒リンゴを差し出します。リンゴにはいくつかのシンボルがありますが、女性の性的欲望を表します。成長した白雪姫が、性的欲求を求めた……と考えられ、無垢な時代は終わりを告げます。

ところが白雪姫はその毒リンゴを齧り、死んでしまいます。そして小人たちによってガラスの棺に入れられたところで、通りかかった王子様と出会います。王子様は白雪姫の遺体をお城に運ぼうとするのですが（ここはおとぎ話のグロテスクなところです）、家来が棺につまずいたとき、白雪姫の喉につかえていたリンゴの欠片がとれて、白雪姫は息を吹き返し、王子様と結ばれてめでたし、めでたし……となります。

このおとぎ話の中で、私が最も大切だと思う場面です。喉につかえていたリンゴがとれて、生き返る。そして、王子様と結ばれる。つまり、喉にモノがつかえていては、言葉を発することができません。白雪姫は、喉につかえていたリンゴがとれて生き返り、初めて王子様と出会うことができました。つまり、自分の感情、気持ち、「私はこうしたい」という意志をちゃんと相手に伝えられるようになって初めて相手と対峙できるようになり、本当のパートナーシップを築くことができる、ということです。

ここは最も大切なことなので、後ほど詳しくお話しします。

結婚に至るステップとは

私たちは無意識という森の中で自分を見つめ、そして自分の可能性、自分のさまざまな感情に出会います。そして、より自分らしい生き方を探っていきます。いま、考えたり、感じたり、自覚できている顕在意識は氷山の一角ほど。この顕在意識の奥には海の中の氷山のように広大に拡がる無意識の領域があります。そこに何があるのか、私たちにはわかりません。澱《おり》のように昇華できなかった感情があり、魂の記憶があり、そして才能も眠っています。そこを深掘りしていく。これが、鉱脈掘りです。白雪姫が無意識の中に閉じ込めていた気持ち。そこには継母への怒りの気持ちがあったかもしれないし、守ってもらえなかった、愛されなかった悲しみがあるかもしれません。このような感情は、私たちにも当てはまることがあるのではないでしょうか。そこを無意識という森の中でしっかり見つめることの大切さを、この物語は語っているように思います。

どんな気持ちも分かち合える、相手に自分の感情を臆することなく伝えられるようになって初めて、『結婚』という段階になる。白雪姫の解釈には諸説ありますが、私はそれも踏まえて、結婚に向き合う女性の成長の物語として捉えています。

ですから、白馬の王子に出会うまでには、いくつかの心のプロセスを踏んでいくことが求められます。言い方を換えると、そのプロセスを踏んでいけば、本当の意味でのパートナーシップ、結婚が見えてきます。ただ成り行きで結婚するのでも、淋しいから、世間体があるから結婚するのでもない、そして生活の安定のために結婚するのでもなく、人生をより高めるために、自分の心、魂をより高めるための結婚を選ぶことができる。もう一度言いますね。白馬に乗った王子様と出会いたいのであれば、しっかりと親離れをし、自分自身の心を見つめて深堀りし、そして自分のどんな感情も受け入れ、伝える必要があるときには伝える勇気を持つこと。それは、結婚のためだけでなく、自分自身の成長のために大切なことなのです。

そして、結婚を考えている人にとって大切なこと。白馬の王子はあなたを迎えに来ません。あなたが、意志を持って、自分を磨いて、心を整えて、自律をして、自分を生きられるようになって初めて出会える。あなた自身が白馬に乗ることが、結婚という聖なる制度に向かう姿勢なのです。

自分磨きを怠らなかったシンデレラ

シンデレラは、美しい心を忘れない象徴のようなお姫様です。『シンデレラ』の物語はペローの書いた物語と、後にグリム兄弟が出した改訂版があります。後者では義姉たちがガラスの靴とサイズを合わせるために足を削って血だらけになるという、残酷な場面は削られています。どちらのシンデレラも容姿も心も美しい女性として描かれています。

シンデレラは、何もせずにお姫様になったのではありません。美しい心を持っていながら強い意志も持ち、戦略的でもあるのです。シンデレラは家から出なければ王子様とは会えない。ではどのように出られるきっかけをつかんで、出ることができたのか。ここに大きな示唆があります。

❶シンデレラは自分の境遇を受け入れていました。本来なら義姉たちと同じお嬢様として暮らせるところを、義母、義姉の言う通り家事をし、女中として働きます。言いなりになっていたのではなく、自分の境遇を受け入れていたのですね。受け入れるから不満はありません。その生活をつまらないと思ったかもしれません。いつか王子様に会いたいと思ったかもしれません。でも、不平不満は言いませんでした。私はここに、心の美しさを感じます。自分のやるべきことを淡々とやる。人間力の高さを感じます。シンデレラは内面の美しさを磨き、そして本来の美貌も失いませんでした。なぜなら、内面の美しさは外見に現れるからです。

❷シンデレラは徳を積んでいました。ふつうなら嫌がるような仕事もやりました。その姿をちゃんと見ている人がいました。仙女（魔法使い）は、シンデレラに魔法をかけ、舞踏会に行けるようにするというギフトを与えました。積んだ徳は、めぐりめぐって還ってくるのです。

❸シンデレラは、舞踏会は自分には関係のない世界と知りつつも、情報はちゃんとつかんでいます。そして、舞踏会に行ける立場でないことをわかっていても、行くことをどこかであきらめていないところが、なかなか芯のあるところです。

❹そして、チャンスを逃さない。行動するとなったらやり遂げます。十二時になったら魔法が解けてしまうというリスクを負いながら、圧倒的な美しさで王子様の心を射止め、最大のパフォーマンスをするのです。

よく、大抜擢された人のことをシンデレラ・ガールと表現することがあります。これを結婚に当てはめると、玉の輿でしょうか。戦略的に王子様を勝ち取った女性もいると思いますが、見初められて結婚に至ったケースも多くあると思います。見初められるには、見初められるだけの器がないといけません。シンデレラの物語で大切なところは、どんな境遇にあっても自分を信じて、自分を磨くことを怠らなかった結果、王子様に見初められたということでしょう。

シンデレラは決してぼーっとしながら王子様に見初められたのではありません。また虎視眈々と作戦を練って、結婚できたわけでもありません。『白雪姫』に見られるように、昔話というかたちで繰り返し触れることで、私たちの無意識には女性の成長のプロセスが自然と刷り込まれていきます。そして、女性としての内的成長のプロセスを私たちは疑似体験することができるようになる。すると、実際にその時期を迎えたときに、無意識が支えてくれるのです。『シンデレラ』も、幸せな結婚をするためには、心の鍛錬と勇気と行動力が大切であることを、伝えているのです。

お城に靴を落としに行くのは自分

では、これを現代の私たちに当てはめてみましょう。まず鍛錬。こつこつと自分に磨きをかけていくこと。自分を磨くとは、自分自身の、女性としての価値を高めていくことです。仕事をしているのなら、やりがいのある仕事を前向きにやっていく。仕事がつまらないとか、やりがいを感じないなどと愚痴を言わない。嫌なら、他の仕事を探せばいいし、生みだしていけばいい。不平不満を言いながら仕事をしていては、仕事も結婚も、いい縁とつながっていかないでしょう。

ときどき、「仕事を辞めたいけれど、どんな仕事がいいのかわからない」という人がいます。これは、「結婚したいけれど、どんな人と結婚したいのかわからない」と言うことと同じです。仕事と結婚は別のことですが、それぞれに自分のヴィジョンが大切なポイントである点では同じなのです。

そして、こうと決めたら行動する。そこには協力者が必要になります。協力者とは、自分に目をかけてくれる人のことです。例えば、結婚を望んでいる素敵な男性がいたとします。そのときに（あの人と引き合わせたらどうかしら）と思ってもらえるような人になること。幸せな結婚をしてもらいたい、いい人がいたら引き合わせたいと思われる人になることです。つまり、八方美人になるということではなく、男性からも女性からも愛される人になること。とてもハードルの高いことのように思うかもしれませんが、それこそ内面と外見を磨き、人間関係において誠実であること。笑顔であること。これは、結婚云々という前に、人として大切にしたいところです。また、（私なんて……）などと思わず、自分には幸せになる価値があると、自分で自分の鍵を開けることです。

そして、やるときはやる！　お城にガラスの靴を落としてこないかぎり、王子様は迎えに来ません。お城に靴を落としに行くのは自分なのです！

きれいな肌をつくる

自分の肌に自信を持つ

さあ、姫力を磨いていきましょう。最初はお肌です。きれいな肌は、女性の永遠の憧れであり、テーマです。シミもソバカスもなく、張りのある肌をしている女性を見るとうっとりします。持って生まれた肌の質はあるとはいえ、高い意識を持って日焼けから肌を守り、しっかりとお手入れしてきた努力の賜物です。やはり、美しい肌をしている女性は素敵です。

と同時に、日焼けをして、肌として美しいとは言いがたくても輝いている女性もいます。たとえば、日焼けしたイタリアやフランスのマダムは素敵です。灼けた肌にすらっとした脚。スポーツをしているなど、活動的であることがうかがえます。もちろん、マダムでなくても美しく日焼けをして、活動的な女性は魅力的です。よくお手入れをされている白い肌も、日焼けした肌も、それぞれに魅力的です。そして、本当の魅力はその肌の向こう側にあるのです。

若い頃に日焼けを楽しんでいた私の肌は、満点の星空の如くソバカスでいっぱい。また、もともとほくろがたくさんあるので、何とも私の顔の肌はにぎやかです。それを嘆けばきりはありません。嘆いても、シミは消えてくれない。だとしたら、シミもソバカスも若い頃の楽しかった想い出たちだと思うと、何だか愛しくなります。これは十七歳の夏、このシミは二十八歳のハワイ……。最初から自分の肌を否定してしまうと、やる気が失せてしまいます。まず、自分の肌と向き合う。そして受け入れる。美肌対策は、その次です。自分を否定することから始めると、喜んで取り組むことがむずかしくなるのです。大切なことは、何事も喜んで取り組む、ということです。

自分に合った化粧品を選び、悩みを溜め込まない

最初にチェックするのは、自分に合った化粧品を使っているかどうか。そして、目的に合っているかどうかもポイントです。肌質を知る、ということです。二十代の頃

に、アメリカのメーカーのファンデーションを使ったところ、顔中に小さなかさぶたができたようにかぶれてしまった経験があります。それから、刺激の強い化粧品、香料のきつい化粧品は避け、敏感肌用やオーガニック系の化粧品を使うようにしてきました。

高い化粧品とお手軽な化粧品には、それぞれのよさがあります。高い化粧品のラインは、メーカーの自信作です。希少な成分や研究された成分が入っているので、使う側としては信頼できます。でも、高い化粧品をじゃぶじゃぶと使うのはためらわれる。お手軽な化粧品は、安すぎると心配になりますが、気にせずたくさん使うことができます。化粧水をたっぷり、美容液をたっぷり。パックも思う存分。保湿力を高めます。このような選択の方法も、悪くないように思います。

きれいな肌をつくるためには、「自分に合った化粧品を選ぶ」ということの他に、いくつものポイントがあります。「十分な睡眠をとる」「ストレスをためない」この二点はもちろんのこと、「悩みと不安をいつも流すこと」も重要なポイントです。どんなに白く美しい肌でも、悩みや不安を抱えているとくすみます。肌はフィジカルなこと、悩みはメンタルなことですが、身体と心はつながっています。不安が病気や体調不良を引き起こし、病気になればさらに不安になります。そんなとき、肌の輝きは薄れ、明らかにくすみます。私たちは心と身体がつながっている「エネルギー体」であることを、いつも意識していましょう。不安や悩みがあるときには、勤めて鏡を見るようにしましょう。自分がどんな状態なのか、肌から知ることができるのです。

美しい肌は体の内側からつくる

私たちにとって大切なのは、肌の外から化粧品やマッサージなどで肌を整えていくと同時に、内側から輝かせることです。これはきれいな肌をつくるだけではなく、体を健やかに保つ方法でもあります。大切なことは、循環がよいこと。新陳代謝がよいこと。デトックス（排泄）。そして食事です。「体は食べたものでできている」と言われます。何を、どんなふうに食べるか。調理法、食べ合わせ、食べる順番……。体にいいと言われているものも、調理法、食べ方によってはマイナスになってしまうこともあります。

身体を健康に保つには、血液をきれいにすることです。血液をきれいにする効果が高いレタス、セロリ、クレソン、人参を生でたくさん摂ります。野菜には地上で採れる野菜と、地下で採れる根菜があります。根菜類よりも、葉ものの野菜を多く食べることを心がけましょう。ランチに山盛りのサラダ……はいろいろな意味で理想的かもしれません。

そして、生野菜と一緒にゼラチンを摂ります。食べ方で大切なのは、栄養的なこともありますが、いかに消化がよく、その栄養を吸収しやすくするかということです。催眠状態において数多くの有効な医療リーディングを残したエドガー・ケイシーの食事療法によると、ゼラチンはビタミンの吸収力を高めるそうです。私はいつも粉ゼラチンをサラダにかけて食べています。粉ゼラチンがほどよく野菜の水分を吸収してふくらみ、食感もよく食べやすくなります。

また、ザクザクと切ったトマトに粉ゼラチンを振りかけ、オリーブオイルとレモン、塩、こしょうを少々。しばらく置いておくとトマトの水分が出て、とてもおいしくいただけます。また、野菜のテリーヌのように、茹でた野菜をゼラチンで寄せてもいいでしょう。出汁をゼラチンで固めて小松菜のおひたしに使ったり、梅肉と混ぜて和え物に使ったりします。野菜にゼラチンを。ゼラチン質はお肌にもいいので、是非活用していただきたいです。

揚げ物はできるだけ控えましょう。高温で調理したものは酸化しています。カロリーが高いだけではなく、揚げ物は身体を酸化させます。すると肌だけではなく、毒素が身体に溜まりやすくなります。できたら豚肉も避けたい食材のひとつです。豚肉の脂は融解点が高く、消化されずに脂肪がそのまま吸収されてしまうのです。食べるのであれば、脂をできるだけ落とし、脂を抜いた調理法にしましょう。脂、油の摂り方に注意しましょう。

そして、水を一日に一・五リットルから二リットル飲みましょう。水は身体を浄化します。そしてもうひとつ、スイーツはほどほどに。「体は食べたものでできている」ということを意識しながら、自分なりの食事の美学を持ちましょう。

昔の恋の記憶と和解する、さよならをする

いらない過去は捨てる

三十代の半ば近くだったか、本やCDを大量に処分したことがありました。五百冊近い本と、三百枚ほどのCDを業者に渡してしまうと部屋もすっきりしましたが、私の心も清々しく感じたものでした。これが断捨離の効果なのでしょうか。一気に風通しがよくなりました。

この話を、当時仕事をしていた編集者にすると、彼はこんなふうに言いました。

「吉元さん、結婚するかもしれないですね」

今、思い返してみると、その編集者は鋭いことを言ったように思います。溜まってしまったものを整理したくなる衝動は、明らかに変化を欲している現れです。潜在意

識が私を動かした、と言ってもいいでしょう。自分の生活の中で、必要でないものを明らかにすること。それは同時に、心の中にある必要のないものを明らかにし、手放したいという欲求とイコールなのです。

私たちは生まれてからこれまでの間、自分のさまざまな感情や記憶を潜在意識の中にストックしています。傷ついたこと、怒りを感じたこと。悲しかったり、淋しかったこと。私たちは、そのような記憶をなかったかのように封じ込めています。もう昔のことだから。もう済んだことだから。でも忘れたくても忘れられない記憶ほど、古いアルバムを取り出して見てしまうように思い出すものです。「忘れたい」という意識が、より記憶を鮮明にしてしまう。それは、ときどき私たちを生きづらくする原因になります。

恋をするたびに、ふっと前の恋人と比べてしまうことがあります。無意識的に昔の恋人と似ているところを見つけてうれしくなったり、嫌いだったところを見つけて落胆したりします。困ったことに、昔の恋で叶えられなかったことを、新しい恋で叶えようとするという、そんな無意識の働きも私たちの中にあるのです。たとえば、冷たくされて悲しかった恋を補塡するために、次に優し過ぎるくらい優しい人に惹かれる。

優し過ぎて物足りなさを感じていたら、次は強引な人に惹かれる……というように、振り子のようになかったものを求めていくというのも、無意識のなせる自分の恋愛パターンです。また、ＤＶ（ドメスティック・バイオレンス）に遭いやすい女性にもパターンがあります。なぜ無意識はそのようなタイプの男性に惹かれるのか。一度、これまでの恋を振り返って、自分が何を求め、何に惹かれていたのか分析してみましょう。同じパターンを断ち切って、本当に自分が望む幸せをめざす。これが、結婚へシフトしていく大きなターニングポイントになります。

過ぎ去った恋は、記憶の中で、潜在意識の中でどんな位置づけでしょうか？　恋をして、恋人同士になったのなら、結婚するか別れるかつきあい続けるかの結末が待っています。これは恋の宿命。恋をするたびに、想い出が降り積もっていきます。好きな人から来た手紙を何度も取り出して読み返すように、その恋のことを何度も思い出しては反芻する。思い出したくないという気持ちに抗うように、思い出しては嫌な気持ちになる。それは、まだその恋が自分の中で終わっていないことを示しています。心の中できっちりと決着がついていないのです。

昔の恋を自分の中で完全に終わらせないことには、本当は次に進めません。自分で終わったと思っても、心に引っかかりを残したまま、見切り発車はできないのです。まして「結婚する」と決めて、これから出会いを求めていくのなら、完全に終わらせる必要があります。未消化の感情をフィニッシュしてからの出会いこそ、本物の出会いです。言い方を換えると、結婚相手という本物の出会いを求めるのなら、過去の恋のカルマはフィニッシュさせるのです。

恋人の行動は自分の行動の鏡

では、昔の恋を完全に終わらせる方法を考えていきましょう。なぜその人を好きになってしまったのか。そこに明確な理由はありません。なぜだかわからないけれどある日好きになっていた……というのが、多くの人の恋に落ちた時のパターンではないでしょうか。でも、自分では気づかないところにその理由の一端があるのかもしれません。恋の始まりと、恋の終わりを思い出しましょう。なぜ別れることになったのか。どこで、どんなふうに気持ちがすれ違っていったのか。ここで大切なのは相手のことではありません。自分が無意識のうちにとっているパターンを見ていくのです。

相手は自分の鏡です。こちらの考えや態度を投影するのです。たとえば、恋人が冷たくなったり、そっけなくなったとします。どうしてなんだろう。こんなに好きなのに。そんな葛藤に胸が痛くなります。でも、その状況を紐解くように見ていくと、（こんなに好きなのに、なぜ優しくしてくれないの？）というこちらの思いが、相手に冷たい態度を取らせているとわかるかもしれません。このように考えると、悩みの「根」が見えてきます。そして、このような自分のパターンを知らないまま結婚をすると、また同じ流れができてしまいます。ですから、結婚をしようと決めたら、昔の恋と完璧にさよならするのです。それは、古い自分のパターンをやめる、ということです。

では、どうしたらもう一度「さよなら」ができるのでしょうか。まずは過ぎ去った恋が「教えてくれたこと」を知る。ここに新しいパートナーシップの扉を開く鍵があります。その恋が残したのは想い出だけではないのです。恋が終わった悲しみや淋しさの中に、実は光があります。別れるという結果になったけれど、その恋は自分の依存心に気づかせてくれたかもしれないし、無い物ねだりをしていたことに気づかせてくれたかもしれません。愛の意味を実感したかもしれない、傷ついて初めて本当の優しさを知ったかもしれない。それは、過ぎ去った恋の恩恵です。恋人は、私たちに大切なことを気づかせてくれる役割を担ってくれたのです。

ですから、どんなに悲しい恋であってもその恩恵に気づき、受け取る。そして、感謝をするのです。思い出したくない人であっても、愛をもって感謝して、そして手放す。これができたときに、昔の恋は本当にフィニッシュするのです。

過去の恋に感謝してさよならを

では次に、過ぎ去った恋の恩恵に気づくための方法をお伝えしましょう。静かに落ち着いた気持ちで、ふたりでいて幸せだった場面を思い浮かべてください。このとき、頭の中で「ふたり」を動かしてみてください。映画を見ているように思い出すのです。その頃よく聴いた音楽をかけ、自分をイメージの中に閉じ込めてください。音楽は無意識を刺激します。忘れていた感情や、どうしようもないあの頃の気持ちが浮き上がってきます。たくさんの素敵な想い出の中に入り、感謝をしていきましょう。

（一緒にいてくれてありがとう）
（私のことを好きでいてくれてありがとう）
（優しさを教えてくれてありがとう）

〈傷ついた辛さから立ち直る強さを学ばせてくれてありがとう〉

楽しかったことを数えながら、イメージの中でその人に感謝をしていきます。どんな小さなことでもいいのです。心を愛と感謝で満たしていきます。すると、胸の奥でふわっと「感情のかたまり」が動くような感じがします。この「動く」感じが大切なのです。辛かったことに心から感謝できたときに、過ぎ去った恋は昇華し、私たちの心の中で本当の宝物になります。そして、昔の恋の学びが終わったとき、結婚相手を見極められるステージに立つことができるのです。

言葉の礼節を大切にする

言葉磨きは自分磨き

言葉はその人を語る。

私は三十年以上、言葉を生業としてきました。歌詞を書く時も、小説やエッセイを書く時も、自分の言葉にどんな思いを乗せるか、どんな温度、どんな手触り、肌触りの言葉を紡いでいくか、言葉はいつも私と共にありました。そう、共にあったにもかかわらず、最近、言葉の奥深さと言葉の持つエネルギーについて改めて驚くことばかりです。言葉はその人を語るということを、最近とみに感じます。

言葉を大切にしている人には、思いやり、気遣いを感じます。それは男性も同じです。

「言葉は伝わればいいので、神経質になることはありませんよ」と、仕事関係の男性から言われたことがありました。この時点でもう言葉を大切にしていないことがわかります。言葉を生業としている私にこう言いきってしまった時点で、気遣いがないことが見えてしまいました。その後も、本人に悪気はなくても不思議なというのか、とんちんかんな発言がいくつもありました。この人にまともな言葉は通じない、と思いました。

言葉には温度があり、手触りがあります。たとえば「言葉は伝わればいいので、神経質になることはないですよ」という発言は、異物混入という感じがします。ちょっと違う……という感じです。また、必要以上に丁寧な言葉を使うことが、言葉を大切にすることでもありません。人によっては、慇懃無礼に感じてしまうことがあります。あまりにもビジネスライクな言葉には、冷やっとする無機質的な印象があります。カジュアルな言葉でも、べらんめえ調でも、そこに心がこもっている、思いやりを感じられたらあたたかい言葉になります。

男性の中には、女性に丁寧な言葉遣いをされると距離を感じる人もいるようです。カジュアルな言葉遣い＝親しみ、仲良しと感じるのでしょう。丁寧な言葉遣いだととっつきにくさを感じたり、お高くとまっている、と感じる人もいるようです。

私が作詞家としてデビューした新人の頃、多くのディレクター、プロデューサーとお会いする機会がありました。音楽業界の制作ですから、ほとんどの方がカジュアルな感じで話をされます。……でも、私は新人です。もちろん失礼のないように丁寧に話をしました。その方々と親しく仕事をすることになっても、基本的には丁寧に、親しみをこめた言葉で接していました。すると、中には「堅苦しい」という印象を持つ人も出てくるのです。そのために、最初私は話しにくい作詞家と思われたようでした。

カジュアルな言葉といっても、親しみをこめた言葉と、なあなあで話す言葉は違います。仕事の場ではもちろんのこと、これは、男性との間にも言えることです。つまり、最初から「なあなあ言葉」でコミュニケーションをとると、そのように扱われてしまう。軽く扱われることが多くなるのです。ちょっと軽い男性は、それが気楽かもしれませんね。でも、それは親しくなった、心が近くなった証になるでしょうか。私は、そうは思えません。言葉が自分を語るように、相手の言葉はその人を語ります。自分がどう扱われているかがわかります。言葉の礼節を大切にする人と、言葉の礼節を大切にしない人とはつながりようがないのです。

素敵な男性の言葉は、やはり素敵です。「素敵」とは総合力、もちろん言葉も含まれます。カジュアルな話し方の中に心があります。言葉遣いが少々乱暴でも、そこに心がこもっていたら、それは思いやりの言葉になります。愛がこもっていることがわかります。丁寧に、大切にされていることを感じさせてくれる話し方をする男性もいます。相手の言葉と、自分の言葉がどこで響き合うか。これは、大切なポイントです。

口癖には自分の「思い癖」が出る

言葉を磨くと決めたなら、自分が実際にどのような言葉遣いをしているかチェックしてみましょう。つい、ぽろっと出てしまう言葉。口癖には「あなた」と「思い癖」が現れます。

例えば、「どうせ○○だから」「私なんて～」という言葉は、謙遜のつもりでも、これは自己憐憫と自分肯定感の低さを感じさせます。「どうせ○○だから」と言われたら、相手は「そんなことはないですよ」とフォローしようとします。これを繰り返されると、相手はうんざりするでしょう。相手にこのような気を遣わせる言葉は、美しくありません。

「だけど」「でもね」「それって……」これは、相手を否定する言葉です。この言葉を言われ続けたら、話をする気がなくなります。「だけど」と言う前に、一度相手の言葉を受けとめる。それから自分の意見を言っても遅くはないはずです。

「やばい」「うざい」これはもう論外でしょう。「やばい」は江戸時代の泥棒の隠語です。言葉は生き物、時代と共に変化するとはいえ、江戸時代の泥棒の隠語がこんなにも日常会話の中に出てくるとは。男性でも女性でも、「やばい」という言葉を使っているのを耳にすると、本当に落胆します。やばいという音の響きからして、美しくありません。「やばい」と言ったら心が汚れるくらいの気持ちを持っていただきたい。言葉はその人を表わすことを覚えていてください。

また、会話の中にビジネス用語、省略語、造語などを織り込みながら話す女性もいます。このような省略語などの使い方に慣れていると同時に、そこには「バリバリと仕事をしている私、すごいでしょ」というアピールもあるかもしれません。以前「リスケ」の意味がわからず、家に帰って調べたことがありました。省略語も造語も、言葉の響きは決して耳ざわりのいいものではありません。このような言葉は、愛を育む場にはふさわしくありません。美しくないのです。

軽口を叩かない。反対に人を褒め、讃えているとき、人はいい顔になります。言葉の美しさは、とても雄弁なのです。思いは言葉にしないと伝わりません。そして、言葉で言ってもらわないとわからない。言葉はギフトです。言葉はそっと手渡すように伝えましょう。特に愛を語る言葉は。

「このままでいい」は禁句

「このままじゃだめだ」がエネルギーになる

三十代半ばの独身女性。実家を出て、小さな部屋でひとり暮らしを始める。仕事は単調な事務で、特に華やかなことはないが、安定している。何か自分らしいことをしたいけれど、何が自分らしいのかわからない。結婚をしたいとも思わない。今、何も不自由をしていないので、このままでいいかなと思っている。

三十代後半の独身女性。外資系コンサルティング会社勤務。ヘッドハンティングされるたびに確実にキャリアアップを重ねている。都内にマンションを購入。仕事は忙しくやりがいがあり、プライベートも謳歌している。恋人はいないが、男友達も多い。今、何も不自由していないし、淋しいこともあるけれど、このままでいいかなと思っている。

独身だから淋しいとか、独身だから何かが足りないとか、そういうことはないのです。思い返してみると、私も「自分が成長するために必要なことは何なのか」と悩んだ時期がなければ、独身のままの可能性、その要素は大いにありました。ですから、独身でいることと結婚との間でゆれる気持ちがわかるのです。

自分の人生に「結婚」というシナリオがあるのか。私はそこを考えました。もちろん、人生のシナリオは自分で書くものですから、結婚という二文字を書き加えたらそこへ向かって自分を整え、行動していくことになります。でも、悩ましいのは、結婚はひとりの努力ではできないということです。ですから宿命ではないですが、最初からひとりで生きていく星の下に生まれたのであれば、それはそれで心を決めようと思ったりしました。そこで、神様に談判をしたのです。

「もしも、私の人生に結婚、子どもというシナリオがないとしたら、ありとあらゆる富と名声をください」

もちろん、半分冗談です。ありとあらゆる富と名声は冗談ですが、「半分」と思ってしまうところが、人間くさいです。そして、私のこの言葉を聞いた神様の本音が、頭に浮かびました。

（いや、それはちょっと荷が重い……）

まったくの直感、でもこれは私の無意識の思いだったのかもしれません。「このままでいい」どころか「このままじゃだめだ！」と思った瞬間でもありました。

「**このままでいい**」？「**このままがいい**」？

「このままでいい」という満足感。今の自分の生活に満足することは、大切なことだと思います。今、ここにある幸せをありがたく思うこと。たとえそれが苦しい時だったとしても、今持っているものをありがたく思う気持ちは大切にしたい。でも、それと「このままでいい」というのは違います。来年も再来年も十年後も三十五歳ではないし、永遠に三十代の後半であることもない。ずっと健康でいられるかもわからない。でも、私たちはふっと「今」がずっと続くような感覚を抱いてしまいます。はっきり言うと、まだ若いからそう思うのです。三十代も四十代も、本当に瞬く間に過ぎていきます。そして、どんなに美容に気をつけ、健康に気をつけていても、三十代をキープすることなどできません。実は、自分の明日がどうなるかわからない不確かな世界を生きていることを、私たちは忘れているのです。

生活に何も困らないから、別に結婚はしなくてもいい。これは、「結婚を生活のため」「生活の安定のため」と捉えていることです。また、「結婚は自由を奪うもの」という捉え方がベースにあります。結婚するのもしないのも自由意志ですから、どちらでもいいのです。でも、私があえてこうして一度は結婚してみるのもいいものだと繰り返すのは、その体験から学ぶこと、得られることが人生に豊かさをもたらすからなのです。「このままでいい」「結婚しなくてもいい」という思いの向こう側に何があるか。一度考えてみるといいと思います。考えることも一歩進むことになります。歩みを止めた途端に、女性は錆びてきます。このままでもいいし、結婚しなくてもいいので、自分の生き方を進化させる歩みは止めないでほしいのです。

「このままでいい」のか「このままがいい」のか。この日本語の小さな差は、大きな違いになります。「このままでいい」は妥協です。最初から、勝負をあきらめている……と言うと言いすぎでしょうか。「このままがいい」は、きっぱりとした意志です。結婚したい人がいないから、素敵な人がいないから、ひとりでいい。男なんて頼りにならない。だからひとりでいい。最初からそう決めてしまうのは、もしかしたら男を見る目がない！　のかもしれません。いい男がいないことに原因があるのではなく、いい男を見抜けない、結婚という学びを一緒に歩む相手を見極められないこちらにあるのです。

仕事のできる独身女性からすると、世の中のほとんどの男性は頼りないでしょう。そして頼りになる男性は、スーパーエリートでしょう。女性のほうが精神的にしっかりしているのは、二歳、三歳の子どものときから変わりません。でも、頼りなさの中に何か一本筋が通っていたり、譲れない何かがその男性を強くしていることがあるのです。

成長するとは、ただ高みを目指していくことではありません。井戸を掘るように、自分の内面を掘り下げていくことから始まります。これでいいのだろうか。なぜこんなことが起こるのだろうか。その原因を自分の中に見つけていくのです。痛いこともたくさんあります。勇気のない自分がいるかもしれないし、情けない自分も、見栄っ張りの自分もいるかもしれない。でも、そんな自分がいることを受け入れながら、それをステップにしていく。これが成長につながります。ですから、このままでいい……では、人生もったいないのです。

友達を選び、自分の立ち位置を明確にする

女どうしで群れていると、男性は近づけない

類は友を呼ぶ。引き寄せの法則。どうぞ、佳《よ》い輪に入ってください。類は友を呼ぶ、という諺の通り、友達を見れば何となくその人のイメージが見えるものです。心のきれいな人のまわりには、心のきれいな人が集まっています。活動的な人は、アクティブな人たちとの輪をつくります。誰とでも友達になるのは学生まで。二十代も半ばになったら、友達は選んでください。「友達を選ぶ」というと、嫌な感じがしますが、これは自分の立ち位置をはっきりさせるためにも必要なことです。

大学を卒業して就職するまで、私は女の怖さを知りませんでした。学生で、気の合う仲良しの友達としかつきあわなかったからです。

しかし会社で待っていたのは、ありがちな女性社員の給湯室の会話、トイレでの会話、ランチの話題……です。会社に入ったばかりで勝手がわからなかったので、誘われるがままに皆さんとお弁当を一緒に食べることにしました。その輪の中にリーダー的な人がいたのですが、そこでの会話は上司や男性社員の悪口、批判に終始していたのです。誰かの悪口を言っているときの顔は……とても醜かった。そして、一緒にお弁当を食べていた誰かがその場にいないと、その人の悪口になるのです。ということは、私がそこにいなければ、あの醜い顔で悪口を言われるわけです。そして、仕事に戻ると、みんな普通に仕事をするのです。悪口を言っていた上司に対して、そんなそぶりは見せずに。

こんなところにいたくない。「類友」ではないし、そう思われたくない。私はお弁当を食べる回数を減らし、外食をするようにしました。悪口の飛び交う場にいるよりも、悪口を言われても離れたほうがいい。このことで、類は友を呼ぶ、という怖さを知ったのです。君子危うきに近寄らず、です。すぐに離れましょう。

女が集まった時の怖さを先に話してしまいましたが、本来、女友達はとてもいいものです。類は友を呼ぶ、ですから、近い価値観を持った仲間や、心を許せる仲間が自然と集まります。また、三十年近く仲良くしている仲間がいます。四十代を過ぎてからの私たちは年相応、落ち着いてきましたが、二十代の頃は、それはもうはしゃいでいました。

女子だけで集まることもあれば、それぞれのボーイフレンドが加わったり、ボーイフレンドもときどきメンバーチェンジがあったりとにぎやかでした。ある時、友達のボーイフレンドがこう言いました。

「もしも僕が浮気をしたら、みんなから総攻撃されるね。怖いな」

確かに。そんな印象を持たれても仕方のないくらい、私たちの結束は固いものでした。

女子会という言葉がすっかり定着しました。女性である私たちにとっては何でもないことなのですが、男性によっては「怖い」「近寄れない」という印象を持つ人もいるのです。わいわいと賑やかにおしゃべりをしている中に、男性はとても入れない。女子会も度が過ぎると、いつのまにか男性を寄せつけない壁をつくるのです。

女子会では、男性の目をまったく気にする必要がありません。ですから、口が緩むというのか、言葉が滑るというのか、日頃のストレスや鬱憤を晴らすことができます。

うわさ話、上司や同僚の悪口。そして、何といっても恋愛の話は尽きないでしょう。彼とうまくいっているとかいないとか、浮気をしたとかしないとか。「○○会社の誰々が素敵」とか。時にはお下劣な話にも発展するかもしれません。アメリカのドラマの「Sex and the City」に出てくる女性たちではないですが、互いの恋愛話に盛り上がったり、刺激を受けるのです。

女子会が盛り上がるのは35歳まで

でも、はっきり言いますと、恋愛話が楽しくて盛り上がるのは、せいぜい三十代の前半まで……保《も》って三十五歳です。それ以降は、美容の話、サプリメントの話。どのサプリメントがいいかとか、そんな話です。そして四十代も半ばを過ぎると、不定愁訴をぼやき、鍼がいいとか、マッサージがいいとか健康法の話題。そしていよいよ五十代になると健康法の内容がディープになり、病気の話もちらちらと出始めます。また想い出話も多くなります。昔のことを思い出して黄昏《たそがれ》るというよりも、大笑いする。雑誌に喩えると『アンアン』『ストーリー』『ハーズ』『家庭画報』そして『壮快』『ゆほびか』へ。女子会もここまでくると、怖れられるというよりも、愛しさを感じてもらえるかもしれません。

私たちの「女子会」は続いていますが、もはや恋愛の話が出ることはほとんどありません。ですから、いつまでも恋愛話で楽しく盛り上がれると思っているのは大間違い。女子会の話題がサプリメントの話にならないうちに、自分自身の方向性を決めましょう！

もちろん、女子会が悪いと言っているのではありません。女子会も集まる女性たち次第なのです。そこでお互いを高め合う会話になるのか、発展的な話ができるのか。女子会を楽しめる女性たちが、魅力的ならいいのです。

類は友を呼ぶ、です。ちょっと冷静な目で、その「場」を見てみましょう。はしたないことになっていませんか？　ストレス発散とばかりに、大きな声で自分のことばかり話していませんか？　はしたないことをしている自分に気づかないのは、まずいです。

結婚を望むのであれば、静かな自分の時間を持つことは大切です。おつきあい程度の女子会とは適当な距離を保つのもひとつです。いつも誰かと「つるんで」いる女性よりも、ひとりで行動できる女性は素敵です。

団体旅行でなく、ひとり旅を楽しめるようになる。女子会と距離を置くとは、こういうことです。恋愛の話題が続いているうちに、気持ちを結婚モードに切り替えるのです！

不倫の先に結婚はない。感情を昇華させて幸せな結婚へのステップとする

結婚している男性が魅力的なのは当然

「素敵な人はみんな結婚している」これはあたりまえのことです。結婚によって磨かれている。そして女性に対してがつがつしていない、余裕がある。ですから素敵なのは、または素敵に見えるのは、あたりまえのことなのです。では、「愛してしまった人に妻がいたとき」、言い方を換えると「妻がいる人を愛してしまったとき」、結婚を目指す女性たちはどうしたらいいのでしょうか。

かつて俳優の石田純一が「不倫は文化である」と言って、大バッシングを受けました。二十年近く前のことにもかかわらず、芸能界で不倫カップルが話題になるたびにこの発言が取り沙汰されます。芸術や文学が不倫という恋愛から生まれることがある、

という真意があっても、多くの人の反感を買ってしまいました。この「不倫」という言葉、私はあまり好きではありません。不倫がきれいであるとは言いませんが、不倫というと、その恋する気持ちが汚いものであるような印象になるのです。妻がいる人を好きになってしまった、その好きになってしまった気持ちに曇りはありません。問題は、そこからどうするか、です。

石田純一氏が言わんとすることはとてもよくわかります。結ばれることのない人を愛した心の葛藤と愛を経験した芸術家が、その心のすべてを芸術作品として昇華していく。自分をそのような状況に追い込んでいく芸術家の性がそこにあります。純粋な恋心が現実の間でねじれていく。淋しさ、悲しみ、嫉妬もあるかもしれません。純粋な恋心のままではいられなくなる。不倫という状況は、それだけ特殊な状況なのです。

不倫の恋に未来はない

結婚を目指す女性がこのような恋におちた時、私がアドバイスするとしたらふたつの道を示すと思います。

❶きっぱりと諦めて別れる。

❷誰にも知られてはならない。誰かに知られたら別れるという覚悟を持つ。この状況の恋愛をとことん味わって、心を進化させる。

その恋愛の未来に、結婚はありません。結婚を期待してはならないのです。なぜなら、その結婚は必ず誰かを傷つけるからです。出会ったのが二番目なのですから仕方がありません。運動会の徒競走でも、オリンピックでも、一番に入った人の胸に金色のメダルが輝くのです。残念ですが、どんなにお互い愛し合っていても、絶対に結婚を期待してはいけません。

「妻とはうまくいっていないんだ」

不倫の相手の女性に、妻のことを悪く言うのは、男が自分に対して言い訳をしているからです。つまり、「妻とうまくいっていないのだから、他の女性とつきあってもいいよね」と自分を正当化しようとする心理が働いているように思います。本当に妻とうまくいっていないとしても、それは女性の気持ちを引きつけるための常套句です。

妻とうまくいっていないと言われたら、女性は期待します。そして妻のことを悪く言うのを聞くたびに（彼がかわいそう。私ならもっと彼を大切にする）と、今度は自分を正当化しようとするのです。これも大きな勘違い。自分が彼にふさわしいかどうかは、彼が独り身になったときに判断することです。

既婚者との恋は目的地から遠ざかるだけ

さて、「❶きっぱりと諦めて別れる」です。結婚したいのであれば、妻のいる人と恋愛するのは時間の無駄です。目的地と反対方向の列車に乗るようなものです。結婚する覚悟をしたら、結婚するのにふさわしい人にフォーカスしてください。既婚者は除外です。

「でも、好きになったら仕方がない。好きになる心を止められない」

という人もいるでしょう。それはそうです。恋する心を止められないでしょう。でもそれは、そこが蟻地獄だとわかっていながら足を踏み入れるのと同じことです。結婚する覚悟があるなら、ぐらっと既婚者に惹かれていく心を踏みとどまるくらい強くあってほしい。心の中に「時間の無駄！」という防火シャッターを。そしてずっと友達でいるか、二度と会わないと決めることです。

誰にも知られない覚悟ができるか

次の「❷誰にも知られてはならない。誰かに知られたら別れるという覚悟を持つ。この状況の恋愛をとことん味わって、心を進化させる」について。誰かを愛してしまう心に、きれいも汚いもありません。ただ、愛する人にもう誰かがいるのなら、そこを壊すようなことを絶対にしてはならないのです。なぜなら、傷つく人がひとりいるからです。誰かを傷つけないためにも、自分たちの愛を大切にする意味でも、誰にも知られてはならないのです。それも裏切りと言えば裏切りなのですが……。

そして、その覚悟の下に愛することを味わい尽くす。理不尽な恋愛だからこそ、自分のエゴと対峙していく場面が続くでしょう。嫉妬する自分。淋しくて仕方がない自分。それまで味わったことのない感情が渦巻くでしょう。でも、それは仕方がない。味わい尽くして、その中で自分が美しく凛として立っていくためにその感情をどう昇華していったらいいのか、悩み抜いたらいいと思います。そして、愛するとはどういうことなのか、体験しながら学んでいったらいいと思います。女性として、人として、ひとまわり大きくなって、自分が幸せな結婚をすることにコミットできたら、それは不倫の恋の実りと言えるのです。

恋と恋との間には、静かな時間が必要です。心の中で、終わった恋にけじめをつける。感謝すること、手放すもの。傷ついたことも、傷つけたことも、心の中で謝って、癒す時間が必要です。その静かな時間は、自分にとって幸せとは何なのか、考えさせてくれるでしょう。ふたりで堂々としていられる。結婚にはそんな深い安心感もあるのです。

「結婚して幸せになりたい女」をやめた時、「結婚できる自分」になる

「結婚すれば幸せになれる」は幻想

男女共に結婚に二の足を踏んでいる人が多い一方で、結婚して幸せになりたい人たちもいます。結婚に消極的な女性でも、心のどこかでは結婚という幸せを求めている人もいるでしょう。結婚という幸せには、この世界の中で自分が安定して生きられる場所がある、ひとりではないという安心もあると思います。そして、結婚したくてもなかなか思うような男性とめぐり逢えないとき、こんなふうに嘆いてしまうのです。

「世界にはこれだけ多くの人がいるのに、私と結ばれる人はいないのか」

「こんなに多くの人がいるのに、私を愛してくれる人はいないなんて」

こんなお姫様の嘆きも一度は許してほしいと思います。実際、私もこんなふうに思

ったことが瞬間的にあります。思わず、です。白馬の王子様とは言わずとも、これこそ待ちの姿勢。ひざまづかれるのを待ちわびている女性のファンタジーなんですね。待っていても来ないのなら、行くしかない。自分でピカピカに磨いて、自分が白馬に乗るくらいの心意気を持つことです。

「結婚したら幸せになる」

これもファンタジーだと思ってください。結婚で幸せは保証されていません。結婚しなければ幸せになれないのなら、今は幸せではないのか。これは、幸せという概念をどう捉えるかということになってきます。

幸せか幸せでないかということは自分で決めることです。今、自分がどう感じるか、です。人生は、自己責任の上に成り立っていきます。他人から見たら大変な状況でも、その中に幸せを見いだすことはできます。お金があっても幸せを感じない人はいるし、お金がなくても幸せを感じている人はいます。素敵なレストランでお食事をいただいて幸せを感じるだけでなく、毎日のささやかな食事にも幸せを感じられると、幸せをたくさん感じることができます。日常の中に宝物を見つけていく。ですから幸せとは「なる」ものではなく「感じる」ものなのです。「幸せになる」ためには、条件が必要になります。でも「幸せを感じる」ことには条件は必要ありません。感性のスイッチを入れれば、今この瞬間から幸せはあふれてきます。

依存心を男性は「重い」と感じる

「結婚したら幸せになる」という価値観が危ういと思うのは、そこに依存を感じるからです。『幸せ』になるには『結婚』が必要。文章をひっくり返すとそうなります。これは条件ですね。結婚して幸せかどうかは、結婚してみなければわかりません。結婚生活に期待をする気持ちはわかります。新しい生活が始まるのですから、こうしたい、ああしたい、という思いが募ります。幸せのイメージがふくらみます。期待をするな、とは言いませんが、期待を持ちすぎるとがっかりすることのほうが多くなります。それほど日常も、人間関係も泥臭いものです。

豪華な結婚式をして、多くの人に祝福され、これ以上恵まれたことがあるのかと思った友人は、新婚旅行から帰ってきた翌日から夜中すぎに帰宅する夫を待っていました。結婚前から夫には恋人がいて、ずっと続いていたというとんでもないケースでした。離婚した後、長いことうつ病を患っていたと聞きました。結婚して子どもが生まれて、夫が病に倒れ、若くして夫を亡くした友人もいます。でも友人は、結婚生活は幸せだったし、シングルマザーになった今も幸せだと言います。

何が幸せなのか、それは本人が決めることで、最初から決まっているものではない。このあたりまえのことを、私たちはときどき忘れてしまい、何かに依存したくなるのです。男性は頼られると発奮します。

「あなたがいちばん。あなたならできる」

と言われてへこむ男性はいないでしょう。でも、依存されるとうんざりします。

「あなたがいないと私ダメなの」

「幸せにするって約束したよね」

と言われたら？　大抵の男性は重く感じて逃げたくなるでしょう。「結婚したら幸せになる」という幻想に依存していると、本物の幸せを見極めることができなくなるのです。

結婚したら幸せになると思っている女性は、そのまま解釈すると、今が幸せでないということになります。でもこの解釈は少し違っていて、今の幸せに気づいていないだけなのです。

「結婚したら幸せになる」というのは、マイナスからプラスへ転じようとする試みです。これは苦しいですね。まず、マイナスからまずゼロに持っていくまでが大変です。やっとゼロになり、そこからプラスを積み重ねていく。想像するだけで疲れます。でも、今も幸せで、ふたりになったらもっと幸せ、と心から思えたら、これはすでにプラスからのスタートになるのです。例えるなら、すでにマイルが貯まっているカードを持っているのと同じことです。幸せを積み重ねていけば、すぐにマイルは貯まり、素敵な旅行ができるのです。

依存と幻想を外していくと、現実が見えてきます。自分の現実が見えてきたら、どうすればいいかが見えてきます。依存にしがみつくことなく、幻想に振り回されることなく、ひとりの幸せではなく、どうしたら「ふたり」での幸せを創っていけるか。結婚して幸せになりたい女をやめたときに、「結婚できる自分」に一歩近づくのです。

あなたの心の声に、
耳をかたむけてみてください。

あなたは自分の気持ちをしっかりと相手に伝えられますか？

「はい」⬇真のパートナーシップを築くことができます。「結婚」に向かって進む準備ができています。

「いいえ」⬇まずは心を整え、自律をして、しっかりと自分自身を生きてください。その先に「幸せな結婚」があります。

第4章
結婚と向き合う強い心を持ちましょう

自分のことを大好きになる
〜自分を愛することからすべてが始まる〜

「自分を好きにならない」と決めていませんか？

「自分のことを好きですか？」

私が主宰している、魂が喜ぶように生きるをテーマにした小さな学校、ライフアーティスト・アカデミーのクラスでこの質問をすると、ほとんどの人が「うーん」と困ってしまうか、手をあげる人も自信なさそうに手を上げたり下げたり。元気に「はい！」と言う人はなかなかいません。「人生がそれほどうまくいっていない」「生きがいを見つけられないから」「何をやっても中途半端だから」「容姿が好きじゃない」など、自分のことを好きになれない理由は、自分への「ダメ出し」です。そして自分に自信が持てず、自分を否定する気持ちが湧いてくるのです。これは、とても生きづらいことですね。

では、人生がうまくいったら自分のことを好きになれるのでしょうか。その確信も本人にはないのです。なぜなら、心の奥で、もう決めてしまっているから。自分を好きになれないという人の「かたくなさ」に触れると、その根の深さに行き当たります。

「人生がうまくいっていないから好きになれない」

このような理由がすべてではなく、そう「決めてしまった」その背景の奥に、もっと根源的な理由があるように思います。それは子どもの頃の体験や環境によるものかもしれません。例えば、親に褒めてもらった経験がなければ、「自分はだめだ」「自分には価値がない」と思うかもしれません。

私たちは、小さな嫌な出来事、体験をきっかけに無意識のうちに「決めごと」をします。そしてその決めごとによって、心が動きにくくなっている。そのために出てくるのが「思い癖」です。これは、多かれ少なかれ誰にでも起こりうることです。これを芯から手放すには、心理学的なアプローチが必要になるかもしれません。でも、自分のことを「もうひとりの自分」が眺めるという視点で、小さい頃からのことを思い出していくと、思い当たる出来事や環境が見つかると思います。

例えば、「自分はダメな子なんだ」と思っていたら、親から褒められなくても傷つきません。なぜなら「自分はダメな子」なので、褒められなくて当然だから……という思考パターンが出来上がっているからです。でも、それは本来のあなたではない。自分の価値観によって計られたことではなく、他の人の価値観によるものです。傷ついた頃の感情を追体験し、味わって、そして天に返す気持ちで手放しましょう。大切なのは自分、自分の心です。自分の心を他の人の価値観に明け渡してはいけないのです。

自分に対して否定的な思いがあるのなら、その思いを否定しない。そういう思いがあることを、一度真っ正面から認めることです。自分を受け入れることができると、その凝り固まった思いが解けていく。そんなイメージを持ってみましょう。

自分を好きになれば、他の人も好きになれる

なぜ自分のことを大好きになることが大切なのか。それは、人を愛するために、です。そして、愛されるために。唯一無二、かけがえのないたったひとりの自分を愛せずして、どうして他の人を愛せるでしょうか。「愛してる」と言われた時に、(私は愛

される資格がない）（私はダメな子）と思ってしまったら、どうしますか？　そう思ってしまうところが、無意識の為《な》せる業です。相手の言葉も、愛も受け取れない。とても悲しいことですね。

結婚を望んでいるのなら、まず自分自身を大切にすること。そして、自分を大好きになること。自分を大切にすることができないと、どうやって人を大切にしていいかわからないのです。大切にするとは、あれこれと世話を焼くことでも、心配することでも、心を尽くすことでもありません。もちろん、それも一部にあるかもしれませんが……。ありのままの、たとえダメダメなところがある自分であっても、自分のことを愛して大切にできたら、人のありのままを自然に受けとめて愛することができます。どこにも無理がない。相手も自分と同じように不完全だと思えると、愛しくさえなってくるのです。

愛しく思うとは、命を大切にすること

つまり、誰かを愛するということは、その人の命を愛おしく思うことです。その人のぬくもりは、命のぬくもりです。自分を大切にするとは、自分の命を大切にするこ

と。自分を好きになれない。自分を否定するということは、かけがえのない、たったひとつの自分の命を否定することになるのです。ここに、こうしてちゃんと生きているのに、どうして自分の命を否定するのでしょう？　少し大袈裟に、現実的なことを言うと、愛する人が明日も生きているという保証はどこにもありません。もちろん、自分が明日この世に存在しているかどうかも、誰も保証できないのです。こう考えていくと、この瞬間がどれだけ有り難いことかがわかります。

一九七〇年代から一九八〇年にかけてアメリカで始まったニューエイジ・ブームの中で、人生に起こるあらゆる問題を自分で癒し、自己改革できるメソッドを確立したルイーズ・L・ヘイという世界的な女性ヒーラーがいます。ルイーズ・L・ヘイは、あらゆる問題の根底にあるのは、自分を愛することができないことだと言います。

「愛は奇跡をもたらす治療法。自分を愛すれば、人生に奇跡が起きます」

「あるがままの自分を認め、受け入れ、愛することができてはじめて、人生の何もかもがうまくいき始める」

ルイーズ・L・ヘイのこの言葉をなかなか信じることができないかもしれません。否定的な思いが浮かんできたり、自分が小さく思えた時には（大丈夫、大丈夫、私は大丈夫）と心の中で言いましょう。自分を好きになると人を見る目も優しくなり、相手の本質が見えてくるようになります。すると、こだわりや高い理想というフィルターで相手を見るのではなく、本当に自分にとってふさわしい人を見極める感性も研ぎすまされていくのです。

自分の中にある女性性と男性性のバランスを保つ

すでにある幸せに目を向ける

幸せになりたい。では、まず自分がすでに幸せであることを知りましょう。何だか禅問答をしているようですね。前章で述べたように大切なことは自分がすでに幸せであることを自覚することです。住む家がある。食べるものに困らない。仕事がある。友達がいる……。自分がすでに持っているもの、与えられているものを数えてみてください。すでに多くのものを持っていることに気づくでしょう。あたりまえのこと、日常のことだと思っていることも、よくよく考えると有り難いことです。そして、ひとたび災害に遭えばこれらがすべて崩れてしまうことを、私たちは知っているはずです。ささやかなことも有り難いと思えると、心があたたかくなります。持っていないと思うと、心は枯渇していきます。ですから、自分は幸せではないと思っているかぎり、幸せの鍵を見つけることはできないのです。

すでに、あなたは幸せです。喜びながら、毎日の幸せを積み重ねていけばいいのです。自分にはあれもない、これもない、と嘆くのではなく、自分の良さをどんどん磨いていくことを考えましょう。もちろん、そのためには努力が必要です。でもそれは、どんどん輝くための努力ですから、楽しみながら続けていきましょう。

「努力に勝る天才なし」

折れそうになったら、この言葉を思い出しましょう。

すでにある幸せを数えたように、自分の素敵なところをリストアップしてみましょう。どんな小さいことでもいいのです。

「おいしいお茶を淹れることができる」

これでもいいのです。

「ユーモアのセンスがある」

これも素晴らしいです。最低でも三十くらいのリストを作ってください。

次に、そのリストの中から、もう少し頑張ったらもっといい感じになると思われるものをピックアップしてください。そして次に、自分の（ここはまずい）、改善の必要ありと思うことをリストアップしてみてください。

自分を好きになると、自分の価値が上がる

さあ、これで何をどう磨いていけばいいのかが明確になりました。できることから少しずつ、取り組んでみましょう。その時に気をつけたいのは、無理なプレッシャーをかけないことです。自分の価値を上げていくのですから、自分を輝かせていくことを楽しんでほしいのです。楽しみ、喜びのあるところには、ポジティブなエネルギーがあります。これから人生のパートナーと出会っていくのです、前向きな気持ちを大切にしていきましょう。

自分をもっと大好きになっていくことで、自分の『価値』を上げていくことができます。

自分のことを好きになれないとしたら、今、ここに命があるということを味わってみてください。私たちの身体のシステムは完璧です。私たちは完璧に創造された存在なのです。自分の気に入らないところがたくさんあるかもしれません。もっとこうだ

ったら幸せなのに……と思うこともあるかもしれない。でも、あなたの代わりは他にはいない、かけがえのない存在だということを、忘れないでいてほしいのです。自分を抱きしめて、そのことをゆっくりと味わってみてください。そのぬくもりは、唯一無二の命のぬくもりなのです。

女性であることを喜ぶ

そして、もうひとつ、自分の価値を上げる大きなポイントがあります。

「女性であることを喜び、女性性を磨く」

女性であれば、改めて女性性について考える機会はないかもしれません。ただ、女性が仕事をしている時には、自分の中の男性性が優位になっていると言われています。仕事をする、目標を達成するというのは、男性性の分野です。まして、起業したり、男性社会の中でバリバリと仕事をするというのは、男のマインドがなければやっていけません。ですから、「男前の女性」……という表現が成り立つのです。

結婚に対して関心が薄い人は、男性性がかなり優位に立っている傾向があるかもしれません。また仕事や学業などで成功体験が多い人も男性性モードが強い傾向にあります。男性性には、「強さ」「責任感」「たくましさ」「理論的な思考」という要素があります。私たち女性が本来持っている特質は、感性や感情を大切にし、「柔らかさ」「慈愛」「感受性」「和」を大切にする要素です。また「育む」という大きな特質があります。自分のことを振り返ってみて、男性性が優位になっているか、女性性を大切にしているか、考えてみましょう。

どんなに仕事をバリバリとこなす人であっても、女性であるかぎりは女性性を発揮することが心地よいのです。男前になっているとなかなか気づかないのですが、一度立ち止まってみてください。私も、吉元男と呼ばれたり、「由美さんみたいな人と結婚したい」と言われたり、かなりの男前だったと思います（今でもその要素は多々あるのですが）。そんなとき、こんなアドバイスをもらったことがありました。

「素直に女性らしい言葉を意識して使うと、女性性がよみがえりますよ」

例えば、食事をごちそうになったとします。そのときに、

「ごちそうさまでした！」

ときっぱり、さっぱりと言うより、

「ごちそうさまでした。とても楽しかったです。またご一緒させてください」

と柔らかく言うのです。すると、きっぱりさっぱり言うよりも心地よいというのです。女性らしさを意識しながら対応してみる。私も意識して、柔らかい言葉を心がけてみました。すると確かに、肩に入っていた力が和らいでいくような感じがしました。それからは、できるだけ柔らかさを意識してコミュニケーションをとるようにしたのです。すると自分自身、とても自然でいられるんですね。気持ちの収まりがいいのです。

仕事をするときには、責任感も理論的な思考も強さも必要です。男性性を発揮して、思いきり仕事をする。そのベースには女性的な柔軟性や和のエネルギーを満たしていきましょう。健全に男性性が発揮されてこそ、女性性も生きてくる。女性性が発揮されているからこそ、男性性が生きてくる。女性性に偏ると、依存や執着が強くなる。ですから、仕事をしていてもしていなくても、内なる男性性の支えは必要です。それが、自分自身の心のバランスを取っていくことになるのです。

男性性の強い男性、女性性の強い男性

さて、男性はどうでしょうか。男性性が強すぎる男性は、女性の価値観や感性をな

かなか理解できません。なぜこんなことをさっさと決められないのか、とか、なぜこんなことで泣いたりするのか、などと、男性のほうも疑問がいっぱいです。このような男性といると、女性はわかってもらえない淋しさを感じるかもしれません。

反対に、決断できない男性や、すぐに感情的になる男性には頼りなさを感じます。内なる女性性が優位なのかもしれません。男性性が強い女性は、（私がしっかりするしかない）と、より男性的に動いてしまう。すると、男性はそれに頼ってしまい、男として育っていかない。

……と、このようなサイクルに陥ってしまうのです。

でも、内なる男性性と女性性の特質とバランスについて知っていると、自分たちがどのようなバランスにあるのかということがわかります。すると、どのようにアプローチするといいコミュニケーションをとることができ、自分たちが成長できるかという道すじが見えてきます。これが創造的な生き方につながっていきます。

自分の中でバランスをとっていくこと。ふたりの間でバランスをとっていくこと。それは自分の価値だけでなく、ふたりの関係の価値を上げていくことになるのです。

素敵な男性は、自分が育てるという気概をもつ

素敵な男性を素敵にしたのは、その人の妻

結婚したいと思う人がいない。そして、素敵な人はみんな結婚している。これは、二十代でも三十代でも、まして四十代では頻繁に直面する現実ではないでしょうか。そう、素敵な人はすでに誰かのもの。私の入る余地などない。この時点で敗北感を味わってしまった後に、この素敵な人の隣にいる人はどんな人なのだろう？　と好奇心の触手をあらぬ方向へ延ばします。そして、ふっと（いいなあ）と思ってしまう。会ったことのない人に嫉妬する……こんな不合理なことはありませんから、すぐに軌道修正しましょうね。

あなたは「素敵な人」の何を素敵だと思ったのでしょう？　仕事ができる。余裕が

ある。センスがいい。優しい。包容力がある。話がおもしろい。ちょっとミステリアス……。繰り返しになりますが、素敵に思えるのは、結婚しているからです。守るべき妻、家族がいる。信頼され、頼りにされ、責任を負っている。男性は、それで頑張れます。男性が素敵に見えるのは、自信というオーラが放たれているからなのです。

つまり、素敵な男性は、結婚によって育てられた部分が大きいのです。結婚は魂磨きですから、楽しいことばかりではありません。パートナーとの関係において、すれ違うこともかちんと来ることも、忍耐することもあるのです。そんな経験が、男性を人間的に磨いていく。そして守るべき家族がいればたくましくなる。責任の重さが男の顔を創っていくのです。妻に励まされ、妻に信頼され、妻に愛され、妻に服をコーディネートしてもらい、妻に健康管理をしてもらって、素敵な男になったのです。それに妻がいるので、女性に対してがつがつとする必要もない。そこがまた余裕を感じさせて素敵に見えるのです。

そう、素敵な男は妻が育てているのです。ですから、素敵な人はみんな結婚している……というのは、結婚したからみんな素敵になった……と言い換えることもできるのです。ここで思い出してほしいのが、女性の特質です。女性性のいちばんの特徴と言えば……生み育てること。それは子どもに限ったことではありません。意識はしていないかもしれませんが、夫を育てるのは妻の大きな特性なのです。

男性を育てるためにも、自分を磨きましょう

そして、夫を育てていくというのは、丁寧に料理をすることに似ています。メニューを考え、素材を選び、いろいろな切り方をして、いろいろな調理の仕方をして、おいしい料理が出来上がる。手間も時間もかけたら、素敵になるはずです。「素敵な人はみんな結婚している」と嘆くのは、デパ地下で出来合いのお惣菜を買うことと同じなのです。ですから、私たちはやはり自分自身を高めていくことが大切になります。それは、素敵な人と出会うためだけでなく、男性の可能性を見いだす力をつけるためです。それも、単に「仕事ができる」「優しい」などという、誰にでもわかる表面的なことではありません。目に見えてわかることではなく、言ってみればあなたが心の眼で見たときに見えてくるその男性の良さ、才能、特性に、育てていくポイントがあるのです。つまり、学歴や仕事やルックスだけにこだわりを持っているだけでは、その人のポテンシャルは見抜けない。自分を高めるのは、夫を磨く力をつけるためでも

あるのです！

恋人、夫に自信を持たせ、いい男にする。いい仕事をしてもらうようにできる女性。男性を輝かせる女性、いわゆる「あげまん」と呼ばれる女性です。私の友人にも、明らかに結婚してからご主人の仕事がぐんぐん上昇していた人がいます。やはり、一緒にいて運が上がる人、下がる人がいます。これは相性ということもありますが、それだけではなくお互いの持っているエネルギーがどんな化学反応を起こすかということが大きいように思います。

その友人は、何といっても一途です。「あなたがいちばん」なのです。これは、視野を狭くして一途になっているのではなく、夫のことを「大好き」なのです。大好きと簡単に言ってしまいますが、これがどれほどの安心感を相手に与えるでしょうか。そして「あなたにはできる！」という絶対的な信頼を持っています。そして、それをちゃんと伝えています。また、困難に陥った時も信頼を揺るがすことはなく、「絶対に大丈夫」という軸をしっかり持っています。そして、依存的ではありません。ほがらかで、運の強い友人が多い、というのも大きな特徴だと思います。

そして、大きな可能性を持った男性は、こんな女性を見逃しません。素敵な男性の妻には、「私は、私は」と自己主張が強い人はあまりいないように思います。むしろ地味な感じがするかもしれませんが、そこで素敵な男性たちは育まれたのです。

将来性のありそうな男性を見いだして、そして育てる……。ハードルの高い「プロジェクト」のようですが、こんな人がいい、あんな人は嫌、こうでなくてはいけない、といった自分のこだわりや好みというフィルターを外して男性を眺めてみると、それまで見えなかったものが見えてくるものです。

はじめて会ったときの夫の姿が、今でも目に焼き付いています。待ち合わせをしたレストランに「どーもー」と入ってきた彼は、痩せた紺のスーツ姿。肩にかけたノートパソコンが入ったバッグがずりっとずり落ちていて、顔の下半分はひげに覆われていました。それまでに会ったどの男性とも似ていなくて、私の交友関係にはおよそいない風貌でした。でも、邪気がなく、自分の研究していることに誇りを持ち、一途に取り組んでいる姿を美しく思ったのです。そして、その研究分野も必ず大きな役に立つことだとも、話をしていて思いました。思い返してみると、そこに大きなポテンシャルを感じたのです。素敵な人を、自分でもっと素敵に育てる。その気概が、出会いの可能性を広げるのです。

年収の低さは、結婚できない理由にならない

貧しくてもふたりなら頑張れる

四十代半ばの友人が、年下の恋人から毎日プロポーズされているという話を聞きました。

ふたりはすでに一緒に暮らしはじめて一年が経ちます。「『同棲という暮らし方にけじめをつけてきちんと結婚しよう』と彼が言ってくるの」と、彼女は少し困った顔をして話してくれました。もともと結婚という形にこだわらずに、自由に生きてきた彼女にしてみると、結婚という制度をわざわざとる必要はないのではないかと思っているのです。

食事をしながらこの話をしていると、会話を小耳に挟んだ親しくしている女将さん

が、

「あなた、結婚しなさい」

と、会話に入ってきました。

「その年になって、結婚してくれなんて滅多に言われることじゃないわよ。結婚して、しっかりと土台をつくって、ふたりで頑張ればいいじゃないの。それに相手は若いのだから、いずれこちらが面倒みてもらえるわよ。年上と結婚してごらんなさい。すぐに介護だから」

友人は経営者なので、彼の何倍もの経済力があります。彼は、まだまだこれから伸びていく年代、そこには大きな差があります。

「経済力がないのがネックなの？」

と私が言うと、すかさず女将さんはこう言いました。

「あなた、お金なんてふたりで頑張ればどうにでもなるわよ。ふたりで頑張ればいいの。同志よ、同志。こつこつ頑張るの。そうすると、絶対にいいことがあるし、運は開けるのよ」

「あのね、自分が選んだ男なんだから、責任持つのよ。あなたが彼を磨き上げるの。

彼の才能を大切にして、いろんなものを見せて体験させるの。そして、一流の仕事人に育てるのよ」

　女将さんのこの言葉に、友人は深くうなずいて言いました。

「そうか。そう考えると、結婚はおもしろいですね」

　大将とふたり、二人三脚で日本料理店を四十年近く切り盛りしてきた人生の先輩の言葉は違います。結婚する人が少なくなった今の日本にあって、「ふたりで頑張る」「相手を磨く」つまりは「互いに磨き合う」という言葉に、結婚の原点に気づかされたようでした。

ひとりではできないことも、ふたりならできる

　いま、結婚に対して消極的なひとつの理由に、年収の低さがあげられます。もちろん、経済力があるに越したことはありませんが、そういう人はそうそういません。とても狭き門なのです。でも、それは人生の大きな選択である結婚をあきらめる理由になるでしょうか。女将さんの言うように、ふたりで頑張って暮らしていく、というのは、結婚生活の大きな喜びだと思うのです。

生活のためだけに共稼ぎをすると考えると、心が貧しくなる気がします。心が貧しくなると、お金に余裕があっても足りない感を拭えなくなるのです。たとえば、自分を社会に役立てる、自分の世界を持つ、自分を生かす、と考えると、仕事と向き合う気持ちが変わってきます。もちろん、自分のキャリアを高めたいという希望もあります。大切なことは、仕事をどう捉えるかということで、心の持ち方が変わるのです。

どういう結婚をするか。誰と結婚するか。ここが大きなポイントです。女性が安心して生きていくために、どういう人と結婚するかということが重要なことであるように、男性にとっても重要なことです。それは、その女性に安心して家庭を任せられるか、仕事に集中できる環境をつくれるか、どれだけ自分を支えてくれるか。仕事のできる男性ほど、この点を重要視するのです。ただきれいだから結婚したいとか、そういうことではないのです。

女将さんが言うように、結婚生活はふたりで創り上げていくものです。ふたりで力を合わせていくことです。どちらかがピンチのときは、より支え合う。つらいときは、お互いに支え合う。それは、あたりまえのこと。結婚によってお互いの人生に責任を持ち、分かち合いながら生きていくのですから、そうするのが人としてあたりまえのことです。そのようにして、子孫を残しながら今までつながってきたのです。

でも、そのあたりまえが、敬遠されつつあるという現実は、やはりなかなか深刻な問題なのだと思います。そのひとつの理由が経済力であるとしたら、それはとても悲しいことです。なぜなら、お金についてはふたりで協力しあえるからです。

相手の年収が低いから結婚できない。共稼ぎしたくないから、経済力のある人と結婚したい。そんなことを言っていられるのは、三十代半ばまででしょう。女性が結婚しないということは、ずっとひとりで働きつづけることです。結婚をすればダブルインカムで、世帯の経済はひとりの時よりも大きくなります。お互いにそう高くはない年収だったとしても、ひとりではできなかったことが、ふたりならできるかもしれないのです。

また、経済力がある人とすぐに出会えるのならともかく、本当にあっという間に年齢を重ねてしまうものなのです。そうなると、出会いはなかなかむずかしくなります。

結婚を考える時、お金のことは大きなポイントになります。計画性は大切です。でも、この時代、年収は低くなっているかもしれませんが、誠実に仕事をしているのならすばらしいことではないでしょうか？　ろくに仕事をしなくて年収が低いのでなく、真面目に取り組んでいるのなら、それを結婚しない理由にするのは筋が違います。

時代は変わります。経済状況も変わっていくでしょう。人と人との絆、夫婦の絆は、つらさを共に経験するからこそ結ばれていくのです。これが結婚の醍醐味でもあるのです。簡単に絆は強くはならない。それをこの人生で為《な》していく。だからこその、結婚なのです。

女性らしさを発揮して、「受け入れられる」自分になる

相手の存在を受け入れる

「結婚できる自分にならなくては」

結婚するためには、結婚できる自分にならなくては。結婚すると決めたと同時に、こう思いました。果たして、いまの自分は他人と暮らせるだろうか。こんなマイペースで生活しているようでは結婚できる自分ではない。そのことに、焦りを感じなくもありませんでした。

結婚するということは、ほとんどの場合同じ家に住む、ということ。十年間、ひとり暮らしをしている私にとって、同じ家に他人と住む、という状況は想像しにくいものでした。誰かと一緒に住める自分に必要なのは、「受け入れる」ということなので

した。

自分の思う通りの暮らしから、ふたりの暮らしになる。たとえば、靴下が落ちていることがあるかもしれない。生活時間がすれ違うかもしれない。お金についての考え方が違うかもしれない。インテリアの好みがまったく違うかもしれない。食の好みの違い。行事などの習慣の違い……。そんな現実の違いから、お互いの感性、感覚の違いを受け入れていく。受け入れ合いながら、夫婦、その家族のスタイルができてくるのです。結婚二十年を迎えた私は、このポイントが、実は結婚の醍醐味のひとつではないかなと思うようになりました。また結婚の醍醐味については最終章でお話しします。

私が（結婚できる自分にならなくては）と思ったのは、私の仕事の特殊性がありました。歌詞でもエッセイでも、アイディアを練り、いろいろ考えるにはひとりの時間、ひとりの空間がどうしても必要です。それを思うままにやってきたので、その空間に誰かがいては集中できずに困るわけです。受け入れられる自分になる。結婚できる自分になるとは、家に誰がいても、ひとりの時間が少なくなっても気にしないメンタルを作ることでした。

では、どうやって他人を受け入れられる自分を作ったか。特に何をしたということはありません。結婚した当時、ふたりで暮らすとはこういうことか……と、毎日新しい発見を楽しむようにしてみました。ただ、「受け入れる」ということを強く意識したのです。意識をすることは、とても大切です。今の自分を分析して、今の自分を感じること。そして、自分に必要なことをしていくこと。このあたりまえ過ぎて見落としてしまうことを丁寧にしていくことが、自分を結婚できる自分へと整えていくことになるのです。

自分の身体の状態を知っておく

もうひとつ、結婚できるようになるために大切なことがあります。それは、自分の身体の状態を知ることです。結婚をすれば、自分ひとりの身体ではなくなります。子どもを生むことになるかもしれません（控えめな表現をしましたが、私は多くの女性たちが子どもを生むという選択をしてほしいと願っています）。二十代、三十代になっても、よほどのことがない限り婦人科の検診はなかなか受けないと思います。でも、自分の心を見つめるように、自分の身体のことも知っておくこと。そして、不調があれば治療する。これは結婚云々に関わらず、とても大切なことです。

結婚しようと決めてからしばらく経った頃、ひどい風邪を引きました。近くのクリニックで診てもらってから、ちょっと気になっていることを先生に聞いてみたのです。下腹にこりっと固いものがあるのです。大腸の検査をしたのですが、固さの原因はわかりませんでした。

先生にエコー検査をしてもらったところ、子宮筋腫の可能性が出てきたのです。大学病院で詳しく検査をすると、グレープフルーツ大、かなり大きな子宮筋腫ができていました。まさか自分が婦人科系の病気になるとは、考えたこともありませんでした。この大きさだと、妊娠するのはかなり難しくなります。妊娠しても、それを継続させることも難しいでしょうと医師から言われました。

特に何の症状も出ていなかったので、このまま経過観察するか、手術をするか。早急に決めなくてもいいことなので、そのまましばらく様子を見ていました。幸いなことにそんな頃に出会いがあり、結婚が決まったのです。

女性であることを喜び、大切にすること。子宮筋腫は、まさにストレスの塊でした。女性らしくあることを意識することで、柔らかく丁寧に生きる心地よさを知ったのです。

「結婚しない」潔さと「人生の変化の波に乗っていく」柔軟さを持つ

結婚しないよさもある

結婚しなくてもいい。結婚しない人生を選ぶ。こんなふうに迷いなく、きっぱりと言えるのは素敵です。この潔さは、もちろんその人の性格であると同時に、ひとりで生きていく自信と覚悟と、自分への情熱があるからだと思います。

人生は自分のためにあります。他人のためにあるものではありません。でも、結婚したら自分のことばかりを考えるわけにはいかない。子どもが生まれたら、母親は子どものために時間も労力も精神力も注ぎます。自分のためだけに生きたいと思う人には、結婚は向かないと思います。

ただ、「何が自分のためか」ということを考えてみると、時間も労力も費やしてしまっても結婚、子育てから学ぶことは、それこそプライスレスです。自分のことは二の次三の次になってしまうかもしれませんが、他のものと比較できない多くのことを体験し、それは人生の大きな宝物になります。結婚しないと決めた女性たちも、このプライスレスな価値を承知していると思います。その上で、自分自身の輝き方を追求するのですからすばらしいことです。

結婚は素敵なことですよ、というテーマで書いていますが、結婚しない素敵さにも触れておきたいと思います。まず、当然ながら、ひとりで生きていける経済力があり、思う存分仕事で自分を輝かせたい、やり遂げたいことが明確であるということです。独身であれば、どこへ出張に行っても、どこへ転勤になっても不自由はありません。フットワークのいい自分でいたければ、結婚はやはり足かせになるでしょう。自分以外の誰かのことを考え、自分以外の誰かのために時間と労力を費すことを、どう捉えるかということなのだと思います。

自分でハードルを上げているのですが、なかなか理想とする相手に出会えないということもあります。相手への理想は妥協したくないという思いもあります。結婚したい相手がいない。妥協で結婚したくないというのは、ある意味「結婚」ということに対して誠実だと思います。

その一方で、結婚を考えずに恋愛を楽しみたいと思っている人も多くいるでしょう。結婚をすれば、誰かを好きになったときの、あのどきどき感はなくなります。あの、胸がひゅっとするようなせつなさもなくなります。待ち合わせの時間に遅れてくる恋人を待つ所在ない思いも、ドアを開けて彼を見た時のうれしさも、消え失せます。結婚してからも恋愛をするように夫といればいい……などと、アドバイスをする人がいますが、それはまた別の話かと思います。つまり、結婚したら、恋愛という異次元の気持ちを味わうことはなくなるのです。

また、結婚を考えないのですから、どんなに年下でも、年上でも、とても結婚の相手としては考えにくい男性ともおつきあいできるわけです。ある意味、純粋な気持ちで恋愛できるかもしれません。

独身であれば、いくらでも自分に投資できます。勉強でも趣味でも旅行でも美容でもファッションでも。自分を磨こうと思ったら、いくらでも磨けます。世界はどんどん拡がります。既婚者の私は、今そのことを想像するだけでわくわくします。今の私にそれだけの時間とお金があったらどんなにいいだろう！　まだ学業を修了していない子どもを抱える身としては、ついないものねだりをしたくなるポイントです。

はっきりと子どもはいらない、という人もいるでしょう。子どもが好きでないというのも、結婚しないひとつの理由になります。自分の求める輝き方が、母親になるという輝き方ではないのならひとりでいるほうがいいでしょう。男性の中には、「家を継ぐ」「家系を守る」という意識の人は多くいます。結婚したら、いずれは子どもを持つという希望を持っている男性にとって、子どもを望まない女性との結婚はむずかしいでしょう。

子どもに時間をとられたくない。出産で体型が崩れるのが嫌だ、と言った人もいました。自分のような人間が育てた子どもがどうなるのか、自信がないと言った人も。理由はさまざまですが、どれもその人の思いなのだと思います。

結婚はしない、という理由のひとつに、子どもが嫌いだ、子どもに時間をとられたくない、ということがあると、こちらの人間性を疑う人も出てくるかもしれません。でも、人それぞれの価値観は違うのです。子どもを育てた経験をした私は、「子どもに時間をとられることが嫌であることより、喜びがたくさんありますよ」と言いたいところなのですが、何を喜びと思い、何を無駄だと思うのかはその人次第、いい悪いはないのです。

変化の波には柔軟に乗る

ただ、女性には時間の制限があることを、心の片隅に置いておいてほしいと思います。何とか生むことはできても、子どもを育てるには体力がいるのです。結婚せずにずっとパートナーと暮らしている友人は、子どもは生んでおけばよかったと思う、と言います。ほんの数年の差が、人生の決め手となることがあるんですね。取り返しのつかないことほど、人生の大きなこと。人生は、私たちが思うほど長くないのです。

独身主義を貫く中で、もしかしたら結婚したいと思う人に出会うかもしれません。人生、予測がつかないことが起こります。結婚しない、誰にも束縛されたくない、自分の遺伝子を残したくないから子どもはいらない……と、ずっと強固に言っていた男友達は、五十五歳の誕生日前に結婚しました。彼の気持ちを変えたのは何だったのでしょうか？　それこそ運命の女性と出会ったのかもしれないし、これまでとは違う「愛する」意味を見いだしたのかもしれません。違う幸せを求めたくなったのかもしれません。

「結婚しない」潔さ。それと共に、人生の変化の波に乗っていく柔軟さ。この両輪が大切なのです。

あなたの心の声に、
耳をかたむけてみてください。

あなたは自分のことが好きですか？

「はい」⬇ 人を愛することができる人です。相手の本質を見抜く目を持っています。

「いいえ」⬇ 自分の素敵なところ、もう少しなところをリストアップしましょう。どこを磨けばもっと輝くのかを知り、自分を高めていく過程を楽しんでください。

第5章

いよいよ運命の人に会う時がきました！

本当に望むものを知り、最適な選択ができる自分になる

夢にこめられた問題解決のためのメッセージ

私の出会いは思いもかけない方向からやってきました。前に述べたように三十代になって自分の生きづらさを感じたミッドライフ・クライシスに陥っていた時、夢を通して自分を知り、問題解決のためのメッセージを読み解くドリームセラピーを学んでいました。

私が自分の成長のために結婚しようと覚悟するきっかけとなった夢がありました。記憶しているいちばん古い夢はトラウマにつながっていることが多いと考えられています。私が記憶している三歳くらいの夢から、私に欠落してしまったのは「頼ること」「弱音を吐くこと」だということがわかりました。夢の内容については割愛しま

すが、三歳の私はある出来事をきっかけに、「誰にも頼らずに、ひとりでやろう」と決めてしまったのです。

「誰にも頼らない」「弱音は吐かない」。この決めごとが、私の生きづらさの原因でした。誰にも頼らずに生きていくのは立派なことです。でも、そう決めてしまってはきつすぎます。頼っていいときは頼っていい。果たして誰にも委ねることができない人が、結婚できるでしょうか？　時には弱音を吐いてもいいし、誰かに頼ることもいいと思います。まったく頼りにされていない男性は、きっとやる気も出ないでしょう。

若い頃、

「君はひとりでも生きていける」

と言われて、（だったら、何にもできない女の子のほうがいいの？）（頑張っている女が受け入れてもらえないのは理不尽すぎる！）と思ったこともあります。ひとりで生きていける女は、ふたりで生きてはいけないのか。でも、それは男性からしたらあたりまえのことだったのです。男は、頼りにされてこそ頑張れるのですから。

記憶にあるいちばん古い夢が、「誰にも頼ってはいけない」と無意識が決めていたことを教えてくれました。誰かに頼る、誰かに委ねることが、私の課題でありチャレンジだったのです。そして魂の成長には結婚をして、夫に委ねる自分になることが必要なのだと気づいたのでした。

夢から自分の課題に気づき、ミッドライフ・クライシスを抜けることができてしばらく経った頃、ドリームセラピーの先生から連絡がありました。先生が、私とある人物を引き合わせる夢を見たというのです。そうして出会ったのが夫でした。

それから今度は私が夢を見始めました。おもしろいことに、いくつか見た夢のメッセージは、どれも「安心して大丈夫」というものでした。この夢から、私が潜在意識の中で「安心できる」「信じられる」ということを、パートナーに対して最も大切に思っていたことがうかがえます。

古い木造の家が象徴するもの

そしてある時、「快適な今の家から手間のかかる古い木造の家に引っ越す」という象徴的な夢を見たのです。その家には雨戸があり、朝夕開け閉めをしなくてはなりません。そして、洗濯機が屋外にありました。（冬の寒いときの洗濯は大変）と、私は夢の中で嘆息するのですが、窓をあけると空にラピスラズリ色の曼荼羅が三つ見えたのです。ああ、この曼荼羅が見えたからこの家は大丈夫、と気を取り直して安心するのです。

数日後、この夢はただの夢ではなくなりました。夢の話を彼にしてみると、なんとこの古い木造の家の間取りと、当時彼が住んでいた家の間取りは同じでした。それに洗濯機も屋外に……。

この偶然の一致は、あたかも運命に仕組まれているような感があります。私が夢の仕組みのことなど何も知らずにこんなことが起きたら、「彼こそが運命の人！　運命の出会い！」

と喜んだかもしれません。でもここで気をつけなければならないのは、映像として夢に出てきたものだけを信じると、本来の解釈が薄まってしまう、ということなのです。

快適な今の家から、手間のかかる古い木造の家に引っ越す。空に曼荼羅が見えたから、この家は大丈夫。夢を翻訳していくとこうなります。

「今まで知っていた人とは違って、少々手間がかかるけれど、この人は大丈夫」

かなり超訳ですね。彼の家と間取りが同じだったことに気が行きますが、実は大切なのはこの部分です。夢を翻訳していくと、そこにかなり現実的なアドバイスがあるのです。

夢は意識の奥、エゴがまったくない領域から発せられます。夢を少し勉強していたから、この夢を受け取れたのかもしれません。このユニークな人物と結婚して二十年になります。こだわりを外し、夢が伝えてきた自分を信じてみると、なかなかおもしろい人生になってきました。出会った時には、正反対の世界に生きている人だと思っていましたが、違和感を覚えたことは一度もないのです。いろいろな出会いがあります。人生の分かれ道、プライドや高い理想に振り回されることなく、本当に自分が望む選択をできる強さを持っていましょう。

積極的に出会いの場を作る

私のお見合い体験

二十代、三十代と、私は二回お見合いをしたことがあります。結婚のきっかけになった出会いもお見合いのようなものだったかもしれません。二十代の時のお見合いは、父の強い要望によるものでした。

「なかなかいい青年らしいから、一度会ってみたらどうだ?」

何度も父から電話がありました。私が渋っていると、「どこでも好きなお店を言いなさい。そこで会うようにするから」と、最後には食べ物で私を釣ってきました。そして私の大好きなレストランでお見合いすることに。

お見合いの相手は、実直、真面目で、とても誠実そうな方でした。お腹の調子がいまひとつというその人を前に、ばくばくと食べてしまいました。お見合いであれば、失礼のないように楚々としているべきだったのかもしれません。いつもと変わらず、自然体で通した初お見合いの印象は、（この方に私ではかわいそう……）というもの。これが率直な感想でした。本当に、私よりももっとふさわしい女性がいる、と思いました。

そのお見合いの二日後には、杏里のレコーディングで渡米することになっていて、作詞の仕事の追い込みでした。レストランから家に戻った途端、お見合いをしたことを忘れて仕事を始めた私は、とても結婚できる自分ではなかったのでした。

二度目のお見合いは、知り合いのおばさまが仕組んだものでした。約束の場所に行くとおばさまの横に知らない男性がいて、紹介をすませるとおばさまは帰ってしまいました。何の心の準備もないまま、そのまま食事をしました。

その方はほとんど休むことなく仕事をしている経営者で、またまた実直、真面目で誠実そうな方でした。夢の話をしたところ興味を示し、ご自分の見た夢を話してくれました。それがもうストレスフルな夢で、休むというチャレンジをすることを示唆しているものでした。そのお見合いの席は、夢のカウンセリングになってしまいました。

「○○さん、お仕事しすぎです。もう少し自分の時間をとって、休んでください。休むことがチャレンジですよ」

などと……。

ああ、本当に私は自然体すぎました。結婚などする気はなくても、もう少し立場をわきまえて行動できないものか。この方にも、私では気の毒に思えました。もっと堅実で支えてくれる女性がいるはず。二度のお見合いの本音のお返事は、お相手の幸せを願うものでした。

お見合いはとてもいい出会いの場

さて、若過ぎたことと、結婚する気持ちがなかった頃のお見合いはこんな結果ですが、本当に結婚を考えているのであればお見合いはとてもいい出会いの場だと思います。なにしろ結婚が前提での出会いです。結婚する、しないという結論は、そう長い時間をかけずに出るでしょう。そして、紹介をする人も双方のバランスを考え、家庭の背景などを考えて、紹介するものです。何よりも、信頼を寄せている人からの紹介であれば、安心できます。そして、条件について率直に紹介者に伝えられることも、お見合いの合理的なところです。

「お見合いしてから、恋愛すればいい」という、若干乱暴な意見があります。恋愛と言ってしまうと言いすぎかもしれませんが、お見合いして、好感を持って、心を寄せていかなければ結婚までいきません。私の両親が仲人をしたあるご夫婦は、お見合いをしてからしばらくおつきあいをしたのですが、女性の方からお断りがありました。とてもいい縁組みだったので母はがっかりしていましたが、その女性を忘れられない男性から「もう一度考え直してほしい」という申し出があったのです。その後、しばらくの交際を経ておふたりは結婚、すばらしい家庭を築きました。

このお見合いの場合、男性が恋をしたのです。条件がいいとかそういうことではなく、好きになってしまったのだと思います。手放したくない、という強い思いが、断られてももう一度、という情熱になったのだと思います。お見合いから燃えるような恋愛に発展することは稀だと思いますが、粛々と結婚に向けてお互いを知り、心を整えていくことができたらいいのではないでしょうか。

私の結婚も「夢」がきっかけとは言え、出会いはお見合いみたいなものでした。お見合いで大切なことは、お互いを知る時間を十分にとるということです。十分に話をするということです。プロフィールをなぞるような話だけでなく、その人の考え方を引き出すような話をするのです。「○○なことがあったとき、あなたはどうする？」「○○さんの、こんな考え方について、あなたはどう思う？」とか、それこそ「神様はいると思う？」という話題でもいいのです。その人がどんな哲学、信念を持っているか。どんな理想を持って生きているか。そのためにどんな努力をしているか。

相手を知るとは、単に相手の好みや趣味、仕事のことを聞くことではないのです。大袈裟に言うと、相手の人生観を知ることだと思います。自分の人生観と、相手の人生観が軸となり、家庭を築いていくのです。このような話がちゃんとできる相手かどうか。また自分自身も、ちゃんとこのような話をできるかどうか、よく考えてみましょう。ただ好きだというだけで結婚はできないのです。

お見合いでも結婚紹介所でも、結婚を前提とした出会いを自分なりに使ってみましょう。結婚すると決めたのなら、積極的に機会をつくっていくことです。何事も、出会いがなくては始まらないのですから。

「価値観が同じ人」を探す

なぜ価値観が同じことが大事なのか

「どんな人と結婚したい？」

という質問に「価値観の同じ人がいい」と多くの人が答えると思います。私も「価値観」ということを大切にしていました。大きく言うと、何を大切に生きているかということ。そして価値観を同じくするというのは、共感する部分が多いということでもあります。お互いの人生、お互いの生き方に共感することができたら、お見合いであろうと恋愛であろうと、一緒に歩んでいくことができると思います。

相手が大切にしていることを、自分も大切にできる。相手のしていることを応援できる。同じように私たちも夫から応援してもらえる。さらに言うなら、お互いのことを尊敬し合えること。これは、家族というひとつの共同体をつくる上で、最も大切なことです。

相手の価値観を知るのには、その人がどんな生き方をしているのかということを見ればわかります。生き方というと大袈裟に聞こえるかもしれませんが、その人の言葉や態度、それまでの流れをみれば見えてきます。お金に対する考え方、使い方。家族に対する思い。人との関わり方。自分の人生をどう創造しているか。友達はいるか。信頼されているか。

今の在《あ》り方はこれまでの生き方の結果でもあります。もしも今、仕事がうまくいっていなかったり、失敗していたとしても、そこでその人が問題にどう向き合っていくかで、生き方が見えてきます。人間、うまくいっている時は何でもうまくいくのです。その人の価値観や生き方がよく現れるのは、困難の中かもしれません。

「お見合いのすすめ」でも書きましたが、とにかくお互いにいろいろな話をすることです。家族の話、これまでのこと、傷ついたこと、悲しかったこと。お互いの人生観を話し合うことで共感が生まれてきたら、最高のパートナーになれるのです。

自分の周波数と合う場にいますか？

では、どうやって価値観が同じ人と出会ったらいいのでしょうか。考えてみると、仕事場、コミュニティ、通勤電車や街ですれ違う人も含めて、私たちは毎日多くの男性、女性に出会っています。だからといって、ピンと来る人に出会えるわけではありません。相手に魅かれたり、恋におちてしまうことに理屈はありません。それはほとんど生理的なものと言ってもいいかもしれません。結婚しようと思っているのに何の出会いもインスピレーションもないとしたら、自分の「周波数」と合わない場にいるのかもしれません。

出会いの場として「合コン」があります。出会いを目的に集まるのはいいですが、メンバーによっては不公平感がある場になりかねません。注目がひとりの人に集中したり、気づいたら自分は引き立て役にされていた、なんてこともあるかもしれません。果たしてそこが自分の周波数と合うかどうか、ということも考えるところです。そして、合コン慣れしてしまうのも、相手にいい印象を与えないでしょう。ある程度のフレッシュ感は大切です。ハンターたちの中で、美しいハンターでいられるかどうか、瞬間的な見極め力が必要です。

婚活パーティーというのも、目的がはっきりしているだけにわかりやすいです。ただ、これも見極め力と行動力が必要です。合コンもそうですが、時には一緒に行った女友達に抜け駆けされてしまうこともあるかもしれません。または自分が抜け駆けすることも。そのくらいの根性があると、合コンも婚活パーティーもいいかもしれません。美人だから、性格がいいからと言っても、本気で勝ちに来ている人には負けてしまうのです。美しいハンターでありましょう。

同じような価値観を持っている人、共感できる人と結婚したいと思うのなら、そういう人たちが集まっている場にいくことです。出会う確率はぐんっと上がります。たとえば、趣味のお稽古事やサークル、何かスポーツのクラブに入ったり、スクールに行くのもいいでしょう。お互いに共通の趣味なのですから、分かち合うことは多いはずです。

趣味を通じて結婚した友人がいます。マッサージセラピストをしている友人は、天文学者と結婚しました。天文学者といったいどこで出会うのか。私は結婚の話を聞いた時に、思わずきっかけを聞いてしまいました。ふたりは、趣味のフルート教室で週に一度のレッスンの時に知り合い、レッスンの後にお茶を飲みに行くようになり、そしてつきあうようになったそうです。仕事の場を離れて出会えたことで、お互いに素の自分で接することができたことがよかったと、友人は話してくれました。

また、ダンスのクラスで出会った心臓外科医と結婚した友人がいます。ナチュラリストのような生活をしていた友人と医師という組み合わせはなかなかめずらしい感じがするのですが、このふたりの場合もプライベートの場で出会えたことで、理解しあえることが多くあったのかもしれません。

違和感を覚えたら立ち止まる

価値観が合うかどうか。このバロメーターとなるのが①共感できるかどうか。そして もうひとつが②「違和感」です。違和感は、好き嫌いではありません。生理的、心理的にしっくりこない、(ちょっと違う)という感覚です。自分の覚えた違和感に鈍感だったり、まあいいかと流してしまうと、それは後から雪だるま式に大きくなっていくでしょう。違和感は、立ち止まるべきだということを示しています。たとえば、胃に違和感を覚えたら検査をしますよね。これと同じことです。違和感の原因をちゃんと見つけて、処理しなくてはならないのです。

ある中学の国語の入学試験問題に、私の著書の一節が取り上げられたことがありました。そのことに驚いて、フェイスブックに投稿したところ、大学の後輩らしき人が「○君の本からは、何回も入試問題が出ていますよ」とコメントしていました。ふっとした違和感がありました。○君も後輩なので、私の投稿が気にさわったのかもしれませんが、「異物を飲みこんだような感じ」がしたのでした。このような感覚を大切にしましょう。違和感は、価値観が合わないということを確実に示しているのです。

誰にでもある「愛すべき点」を見つける感性を持つ

「普通の人でいい」といいつつ、理想が高い

よし、結婚相手を探そう！　となると、出会いを求めます。そして、出会った人の……言葉は悪いですが「品定め」が始まります。この人は結婚相手としてはどう？　学歴よし、収入まあまあよし。ルックス△、性格は……優柔不断だから△……。理想の男性像、結婚の条件というフィルターをつけて男性を見始めます。するとどうなるか。そのフィルターを通して素敵な男性はほとんどいないでしょう。いたとしても、既婚者です。

「私の理想は高くありません、普通です。普通の人でいいのです」と普通を強調する人がいます。では、その人にとって普通とは？　自分で（普通でいい）と思ってい

る人がいたら、一度自分の普通を具体的にイメージしてみてください。そうすると、普通という条件のハードルの高さに気づくでしょう。学歴や収入が高いというのではなく、普通の人という定義が広すぎるのです。普通の人というフィルターをつけて見てみると、ほとんどの人が普通の人であり、ほとんどの人が普通ではないのです。

先入観にとらわれていては、その人のよさに気づけない

異性に限らず多くの人が他人を見るとき、何らかのフィルターをつけていることが多くあります。いわゆる、先入観です。

「この人は高学歴（……だから頭がいいはず）」
「この人はお金持ち（……だから苦労は知らないはず）」
「この人の話はスケールが大きいから（きっと大物になるに違いない）」
「この人はかっこいいから（きっと浮気する）」

相手をよく知る前から、私たちは勝手なイメージやストーリーをつくってしまうものです。私が作詞家になった頃、まだ若く、付属校の出身だったことから、「美人お嬢様作詞家」というレッテルが貼られ、ちやほやされているのか軽く扱われているの

かわからなかった時期がありました。「お嬢様作詞家」がバリアになったのか、容易に近づいてくる人は誰ひとりとしていませんでした。まあ、それとは別に、取っつきにくかったのかもしれません。このフィルターが吉だったのか凶だったのか、今でもよくわかりません。

まずは、自分がフィルターをつけて人を見ていないか、チェックしてみましょう。先入観を持っていると、見るべきものが見えなくなります。

第一印象に「いいところ」をプラスしていく

次に、第一印象です。第一印象は六秒で決まるとも、十秒で決まるとも言われています。そしてその印象はほぼ変わることがない。これを初頭効果と言います。相手のプロフィールがフィルターになるだけでなく、第一印象もフィルターになります。最初に（話しにくい人！）と思ったら、打ち解けるのはむずかしくなります。でも、その人はシャイなのかもしれません。気持ちを表現することが下手なだけかもしれません。（話しにくい人！）という第一印象がフィルターとなって、その人の印象の向こうにあるものに目が届かないかもしれません。もしかしたら、とても気持ちの善い人かもしれないのです。

「美女と野獣」のベルは、心の目で野獣を見つめました。人の嫌なところにフォーカスするのではなく、人のいいところを見つける。その人の愛すべき点を見つける感性が、出会いを育んでいくことにつながります。第一印象やフィルターを外し、愛のフィルターをつけます。愛と言っても、人類愛、人間愛でいいのです。人にはそれぞれの人生の物語があります。いろいろなことを経験して、乗り越えて今ここで出会ったのです。それがお見合いで出会った人でも、合コンで知り合った人でも、紹介で会った人でも、もうこれで会うことがない人であっても、愛すべきところを見つけることができたら、幸せな気持ちになれるのです。マイナスをしていくのではなく、プラスで考えていく。すると、人に対する見方が変わり、選択肢の幅が広くなっていくのです。

たとえば、洋服のセンスが今ひとつだとします。でも、洋服に頓着がないかわりに、他の何かに没頭しているのかもしれません。いつも寝ぐせをつけていたとしてもご愛嬌、子どもみたいでかわいいものです。自慢話が多いのは、「すごいですね」と人に承認してほしいのです。

その人の「とほほ」と思うところや、首を傾げたくなるようなところに、「愛すべきポイント」はあります。相手のいいところを見つけるのは、こちらの感性と想像力を必要としますが、それも積み重ねです。最初は意識して愛すべきところを見つけようとするかもしれませんが、やがて自然に目に入るようになるのです。

人の中にある愛すべきところを見つけていくことが、大切なことである三つの理由があります。ひとつ目は、今述べた選択肢の幅が広がるということです。ふたつ目は、嫌なところを見つける自分よりも、いいところを見つけていく自分のほうが幸せであるということ。自然と気持ちが穏やかになり、この世界に対する目が優しくなることです。そのような心持ちは外見にも反映します。まず、まなざしが優しくなる。そして、言葉が暖かみに包まれる。愛をもって人を見ることは、相手のためではない、自分の心のためなのです。

そして三つ目は、この感性は「育む」ことにつながるということです。結婚は、まさにふたりで未来を育んでいくこと。ふたりの関係を育み、子どもを育み、家庭を育んでいく。そのときに、愛をもって見る、という意識が大切になるのです。

マイナスを重ねていくということは、言い方を換えると「切り捨てていく」ことです。プラスを積み重ねて、人と人とのつながりを創っていく。すると、そこに豊かさが生まれる。見方を変えることで新しい関係ができていくかもしれません。そしてそれは、心に余裕をもたらします。すると、その人の本当の姿が見えてくる。そこに共感できたら素敵です。そして自分のことも、共感してもらえたら、もっと素敵ですね。

男性を受容し、信頼し、自信を与える「癒し系」の女性になる

自分だって選ばれている

相手をどう見るか、ということを述べてきましたが、実は自分がどう見られているかということが最も大切です。このポイントを押さえなければなりません。結婚相手はこの人！　と思っても、相手が自分を選ばなければ成立しません。あたりまえのことですが。

結婚すると決め、結婚相手を探す、出会うという時に、「選ぶのは自分」というスタンスに立ちがちです。もちろん、この人だ！　という人を選びます。そう、ハンターになるのですが、同時に向こうもハンターであるということを忘れてはいけません。向こうもハンターの気概があればいいのですが、場合によっては結婚を考えていない

人をその気にさせて射止める、というチャレンジが待っているかもしれません。

女性たちが、結婚相手にふさわしい男性について見極めるポイントを押さえるように、男性たちにも望んでいる女性像があるはずです。では、自分は女性としてどう見られているか。どういう印象を与えているか。これは自分ではなかなかわかりません。でも、ここは最も大切なポイントです。

自分磨きをして身も心もぴかぴかになっても、果たしてそれが結婚相手として魅力的かどうか、本人にはわかりません。ここが悩ましいところです。もちろん、婚活に関係なく素敵になっていくのはすばらしいことです。進化することを止めることはありません。

仕事もお料理も何もかもうまくできてしまう女性は、多くの女性たちから憧れを集めます。これで容姿端麗であればなおさらのこと、嫉妬されるくらいの羨望を集めるでしょう。

でも、悲しいかな、女性の羨望を集める女性を、男性は結婚相手として求めていないかもしれない。男性は「高嶺の花」に憧れながらも、おそらく命がけで崖をよじ上って摘もうとしないでしょう。結婚相手となればなおさらのことです。「高嶺の花」

と崇めながら、男友達のひとりでいるのが楽、というのが本音かもしれません。

男性が結婚相手に求めるもの

男性が結婚相手に何を求めているか。それは、男性の特質を考えてみると見えてきます。

男性にとって、仕事は戦場であり、自分を試す場所であり、自尊心を高める場所です。家に帰った時、そこに戦士が待っていたら？　ほっとしたいところに、気を抜けない妻が待っていたら？

女性は何かと癒しを求めてエステティック・サロンへ行ったり、温泉に行ったりしますが、同じように考えてみると、芯から癒しを求めているのは男性なのではないかと思います。癒し系、和み系の芸能人が人気なのは、単にかわいいだけではなく、ほっとしたい、癒してほしいという欲求の現れでもあるのです。

だからと言って、戦士系女性が無理に自分のスタイルを変えることはありません。仕事を大切にしていい。ただ、仕事とプライベートのメリハリをつけること。プライベートでは、身も心もリラックスすることを意識してみてください。プライベートの場であっても、時に仕事のテンションで相手をやっつけてしまう。戦士系女性がやりがちなパターンです。

私も昔、ついつい議論に持ち込んでしまったことがあります。すると男性は、何が何でもやっつけようというモードに入ります。おそらく、意見が一致して終わることは稀でしょう。お互いに埋められない感覚の差を感じて、後味が悪いことになるのです。

これは、お互いを知る上でいいこともあるのです。これをプラスにしていくために、女性の特質を発揮しましょう。そう、受けとめる、一度受容するのです。相手の意見を「そういうこともあるのね」と一度受けとめることで、男性の「認めてほしい」という承認欲求は一旦満たされるのです。

承認欲求……これも男性の特質です。これはプライドにもつながります。「すごいですね」と言われたい。お母さんに「よくがんばったね」と言われたい小さな男の子と同じです。認めて、褒めて、育てる。ここが大事です。ですから、うまくやっていくためには、女性が「受容する」「讃える」「任せる」という姿勢をとっていくことがポイントです。ありのままの姿を受け止めてもらえる。自信を与えてくれる。そんな女性に男性は安心感を覚えるのです。

これは、男性に負けることでも何でもありません。男女の特性を活かしていい関係を築いていくこと。これは戦略です。おそらく、癒し系、和み系の女性たちは、このポイントを意識しなくてもできているのかもしれません。だから居心地がいい。これは、思いやりや優しさがある、という印象につながるものなのです。

男性は、プライドの高い人たちです。ですから、プライドを傷つけてはなりません。たとえば、男性がデートで連れて行ってくれるレストランのチョイスが今ひとつだった時、女性がもっと素敵な代替案を出すのはNGです。一生懸命考えて選んだお店のはずです。または、行きつけであったとか。どうぞ喜んで食事をしてください。そして、少しずつ、ゆるゆるとこちらのペースに持っていけばいいのです。

もうひとつ、男性のプライドを大切にするには、相手に頼ること。甘えて、適度にわがままを言うこと。これは、信頼しているひとつのメッセージです。そして、男性の話をよく聞くこと。女性も相手に話をちゃんと聞いてほしい！　と思いますが、男性も「俺ってすごいだろう？」という話を聞いてほしいのです。男性の自慢話には、「すごい」「すばらしい」「さすが」この三つの言葉をちりばめます。

相手を喜ばせる。これは「愛」です。この愛を素直に表現できるようになること。

男性が結婚相手に求める究極のものとは、受容され、信頼され、自信を与えてくれること。そこに男性は愛を感じるのです。

自分にとっての「いい人」を見つける

どんな人が自分にとって「いい人」か

高校生の娘から、こう質問されます。

「なぜパパと結婚したの？」

一度だけでなく、何度も聞かれました。定期的に不思議になるのでしょうか。結婚した理由はいくつかあるのですが、そのいくつかをひとつにまとめるとこうなります。

「いい人だからかなあ」

娘にしてみると、結婚という人生の一大事を、どのような動機で決断したのか聞きたかったのでしょう。それに「いい人だから」という答えはあまりにもシンプル過ぎたかもしれません。でも、「いい人」というポイントは、とても重要なのです。

どういう人が「いい人」か。それは、人それぞれの感性であり、好みとも言えます。自分にとっての「いい人」でもいいのです。娘の質問に、いくつかのポイントをひとつにまとめて「いい人」と表現しました。そのいくつかをお話しすると、まず志が高い、ということがあります。夫は研究しているテーマが多くの人の心を豊かにし、役に立てるものになるよう、毎日こつこつと、情熱的に仕事をしています。決してそこからぶれない姿勢には、感銘を受けます。

次に理由を挙げるとしたら、人のことを悪く言わない、人を讃える。何事も自分の心を高めるように解釈をする。ですから、私を清い場所に戻してくれるのは、いつでも夫なのです。そして、私自身が自然体でいられることが、何よりも楽なのです。このような特質をひとことで言うと、「いい人」になるのです。

その人は「いい人」かどうか、頭で考えるのではなく、心で感じてください。一緒にいて、心地いいか。一緒にいて楽しいか。このポイントは大きいです。好きな人といるのは楽しくてあたりまえですが、どこか無理をしていないか、違和感をなかったことにしていないか。ちょっとした違和感をちゃんと捕まえましょう。好きだという気持ち。もしかしたらこの人と結婚するかもしれない、という希望的予感が、ちょっとした違和感をなかったことにしようとするのです。ですから、自分の気持ちの動きや感覚を、客観的に眺める視点が大切です。

違う人間なのですから、性格も感覚も価値観も違っていて当然です。「肌合い」という言葉があります。「肌触り」という意味と、「人の物腰などから受ける感じ。また、人の気性・性質」という意味があります。まさに結婚する人とは「肌触り」も「印象、気性、性質」も合っていることが大事。肌合いの合う人が、ふさわしいのだと思います。もちろん、そこに経済力や外見なども入ってくるのですが、根本的なところはここです。肌合いの合う人は、きっとあなたにとって「いい人」になりうるのです。

尊敬できない人との結婚は難しい

私が違和感を覚えるのは次のような人です。たとえば、お客の立場になった時、思いきり上から目線になる人。レストランで注文する時、トラブルがあった時、人が変わったように高慢な態度をとる人がいます。これは違和感をはるかに越えますが、こういう態度をとる人は、はっきり言って「いい人」ではありません。このような人は自分と相手、どちらが上か下かをいつも考えています。また、自分を大きく見せたいために、このような態度をとるのかもしれません。

お金に狡い人も、「いい人」とは言いがたいです。お金に対する感覚は、結婚を考える上で大きなポイントです。たとえば、ケチと倹約家は違います。ここは紙一重になりやすいポイントですね。楽しむことを楽しみ、無駄なことにはお金を使わない倹約はいいと思います。あればあるだけ使ってしまう人は、結婚してから大変です。

ケチな人は、ただケチな人と、狡い人に分類されます。ケチな人は、ただケチなだけ。自分のお金を使いたくない。お金がある、ないに関係ないのです。節約するところは節約する。ですから、恋人へのプレゼントも、少しでも安く買おうとするのです。なぜなら、少しでも安く買うことに、価値と意義を見いだしているからです。そして割り勘にする時には、きっちりと。男の気概をまったく感じられません。ケチな人とケチな人が結婚したら、お金は貯まるかもしれませんね。でも、窮屈さを感じる女性は多いと思います。

「狡い人」は、他人のお財布を計算に入れる人です。安くすまそうとするのではなく、自分のお財布は開けない人です。ただのケチならまだしも、人間関係の中で計算高い人を尊敬することはできません。尊敬できない人との結婚は、むずかしいです。

尊敬というと、とても大袈裟に聞こえるかもしれません。でも、その人そのものを心から敬うことができる、というのは、結婚生活の地盤になると考えます。相手が年上でも年下でも、その人の存在に心から感謝できるような気持ちです。狡い人は、とても敬うことはできません。

自分の家族や友だちを批判する人も、私はいい人とは呼べません。家族や友だちは、自分がとても大切にしているものです。たとえ、言われても仕方がない要素があったとしても、やはり言われたら悲しくなります。結婚をしてから、どうしても伝えるべきことがあった場合は、相手を傷つけないような言い方をすること。これは愛なのです。

自分がどんな人を「いい人」と感じるか。決して、厳しい目で相手を見なさいと言っているのではないのです。自分の感覚に正直であってほしい。ちくっと心に感じたことをちゃんと見ましょう、ということ。「類は友を呼ぶ」は同性にだけあてはまるものではありません。

私たち自身も「佳《よ》い人」であることが、最も大切なことなのです。

最終章

さあ、怖がらずに結婚の扉を開けましょう

結婚への不安は、真っ赤な幻想

結婚前の不安はほとんどが杞憂

あるマーケティング会社が、十八歳以上の既婚男女に「結婚前に不安なことがあったか」というアンケートを行いました。

〈男性〉
一位　不安はなかった
二位　時間の制約（自由な時間が減る）
三位　自分の収入

〈女性〉

一位　親戚づきあい
二位　貯金・資金
三位　家事

この結果を見ると、男性は束縛されることへの不安、そして女性は現実生活の不安が上位になっています。狩りに行く男と、家を守る女。そのままの結果に思わず笑ってしまいそうです。ただ、女性の方が真剣に悩んでいる、という感じがします。そして、「結婚してよかったことは？」という質問には、男女とも「一生のパートナーができた」「子どもができた」「両親を安心させることができた」と、同じ項目が上位にありました。おもしろかったのは、男性の答えの中に「自立できた」というのもありました。妻から見たら、（いや、まだまだ）と思うかもしれません。

このアンケートがすべてというわけではありません。しかし、結婚前と結婚後の心境の変化を見てみると、不安に思っていたことは幻想だったということがわかります。もちろん、現実の生活ですから親戚づきあいで面倒なことはあるかもしれないし、家計が苦しいこともあるかもしれません。でも、それよりも一生のパートナーができてよかったという思いが強いのですから、やはり不安は不安でしかないのです。

不安は、今ここに起こっていないことを想像して、心配になることです。～だったら、どうしよう。～になるかもしれない。二十代の頃に、私の不安を男友達に話しました。すると彼は、笑ってこう言いました。

「吉元、それはお姫様の仕事だよ。お城の窓から外を眺めながら『～したらどうしよう』って」

ああ、確かに。「お姫様の仕事」と言われても仕方がありません。お姫様は自分が不幸な目に遭うという空想の中で、（私ってなんてかわいそうなの）と、自分を哀れんでいるのです。こういうことを、私たちもついやってしまうことはありませんか？

結婚しても、うまくいかないかもしれない……という不安から、何が生まれるでしょうか。その不安を抱えたまま結婚したら、どうなるでしょう？　今、ここに「うまくいかない」という現実はないのです。

経済の不安も同じことです。今、確かにぎりぎりかもしれない。でも、ふたりで頑張ればなんとかなる。家事が苦手？　だったら少しずつやっていけばいいこと。相手の親とうまくいくだろうか。それは、その時に考えればいい！

不安は現実化する

結婚に対してさまざまな不安を持っている間は、結婚相手にふさわしい人とは出会いません。たとえ出会ったとしても、その不安がフィルターとなってその人が相手であることに気づかないからです。あなたの不安そのもののような人と出会うかもしれません。なぜなら、不安は現実化するからです。不安や心配は、すでにそのような現実を作り出しています。晴れやかな気持ちになれない。ポジティブに物事を受けとれない。これらは、不安から生まれた自分の「現実」なのです。

どうしても一歩踏み出せないのなら、「なぜ不安になるのか」ということを考えてみましょう。不安のその奥に、不安の種があるのです。うまくいくかどうかという不安は、うまくいっていない結婚を近くで見ていた経験があるからかもしれません。経済が不安なのは、お金に対するトラウマやお金を持つことへの罪悪感があるのかもしれません。そこに気づくと、不安が無意味な幻想であることがわかるのです。

不安を手放せなくても、結婚したら一生のパートナーと一緒に生きていくのです。不安を選ぶか、未来を選ぶか。お腹の底で、びしっと決めてください。心のどこかに不安という幻想を抱えたままでは、うまくいくものもいかなくなるかもしれません。

人生を能動的に生きる

苦労する、だからこそ成長できる

何もない人生はありません。これまでのことを振り返ってみてください。決して、一本調子の人生ではなかったはずです。その波の高い低いはあっても、いろいろなことがあり、その度に悩むこともあれば、喜ぶこともあったと思います。時には嵐に遭い、時には穏やかな凪の日がある。同じように、これから先の人生にも、いろいろなことがあるのです。穏やかに過ごしたいと思っても、何が起こるかわからないのが人生なのです。

結婚したからといって、穏やかな毎日が保証されているわけではありません。自分ひとりでなくなった分、気にかける範囲は拡がります。それを煩わしいと思うのか、新しい関係を創造するチャンスと捉えるのか。これが、人生を能動的に生きていくのか、受動的に生きていくのかの大きな違いになります。

人生を能動的に生きるとはどういうことでしょうか。生きるということは冒険です。決して穏やかとは言えないことが起こり、それを乗り越えていかなくてはならない。そして次に何が待ち受けているかわからない。そこを私たちは進んでいます。何かが起こった時に、流されるが如く生きていくのが受動的な人生です。

能動的な生き方は、何かが起こった時に自分にとって最善の選択をしていきます。それが苦労することでも自分にとって最善であれば、あえてそれを選びます。自分にとっての最善とは、自分にとって都合のいいことでも、楽をすることでもありません。欲ではないのです。自分が最も成長できる選択のことです。

平原綾香さんが歌った『Jupiter』の歌詞の一節に『意味のないことなど起こりはしない』と書きました。たとえば、大好きだった恋人と別れたとします。悲しくて、淋しくて落ち込みます。この別れは、自分にいったい何をもたらし、どんな意味があったのか。少し自分の感情と距離をとって考えてみるのです。

もしかしたら、愛を学ぶ機会だったのかもしれない。もしかしたら、相手のことを思いやれなかった自分の至らなさに気づくことだったのかもしれない。どんな出来事にも、気づきや学びがあるのです。その出来事がもたらした恩恵を受け取り、それを生かして次に進んでいく。どう乗り越えていくか。自分の人生をどうプラスにしていくのか。ここに、人生の創造性があるのです。創造的であることを目指すと、流されるような生き方も、他人の意見に左右される人生もありません。

ということは、結婚、そして子育てほど、創造的なチャレンジはないのです。起業すること、資格試験を受けることも、旅をすることもチャレンジ。仕事に邁進するのも人生のチャレンジです。結婚と子育てがなぜ創造的なチャレンジかと言うと、どういう夫婦関係を築き、家庭を築くのか、どういう子育てをするのか、いちばんわがままを言いやすく、最もエゴが出やすい夫婦という関係性が、自分を鍛える道場になるからです。

別に自分を鍛えたいと思わない……と思う人もいるでしょう。鍛えるというと、鬼特訓のように聞こえるかもしれません。でも、考えてみると、人生自体が道場のようなものです。毎日、仕事、人間関係、自分自身のことを通して、心を鍛錬する。生きているからこそ、悩み、苦しみ、そして喜びがあるのです。

そしてその鍛錬は、ひとりの時よりもふたりの時のほうが、度合が高まります。武道でも、ひとりで稽古するよりも、対戦相手（敵、という意味ではありません）がいたほうが、より強くなるというものです。独身時代がひとりの鍛錬期であるとしたら、結婚はいよいよ「ふたり」という学びになるのです。

結婚生活は魂を磨く道場

では、なぜ結婚が自分を磨く場になるのでしょうか。夫は、自分にとって最も身近な存在です。しかも、赤の他人です。でも、ご縁があって、七十億人の中からたったひとり、お互いに選び合って結ばれたわけです。それだけに、ふたりでいることの意味は大きいのだと思います。

ふたりで家庭を築き、家族として生きていきます。でも、夫は自分が思うように動くとは限りません。何でも望みを叶えてくれる人ではありません。そこで、お互いにエゴのぶつかり合いになります。相手にイライラすることも、腹が立つこともあります。どうしてイライラして、腹が立つのか。相手の態度や、考え方に対してイライラしているのか。どうして？　でもそれは相手のことです。相手の態度や考え方を改めるようにお願いすることはできても、コントロールはできません。

人は、お互いに自分を映し出す鏡のようなものだと言われます。相手に腹が立つのは、相手の中に自分を見るからです。相手の考え方に腹が立つのは、相手の考えが気に食わないという自分を見るからです。

神社の祭壇には、丸い神鏡が祀ってあります。私たちが祭壇の前で祈る時、その鏡の中に自分を見るのです。天照大御神が天岩戸から外をのぞいた時に、自分の姿を鏡に映し出されたことで自分の尊さに気づいたことに由来しています。

夫婦が、お互いを映す鏡だとしたら、私たちは夫、夫は妻と向き合っているときに、実は自分と向き合っていることになります。「かがみ」の「が」を取ったら「かみ」になるという喩えがあります。つまり夫婦の場合、「我」（エゴ）を外した時に、相手の中に「神」が見える。私は、結婚とはお互いの中に神を見いだすことだと思うのです。そこに至るまでは、道場での鍛錬が必要でしょう。私は、結婚こそ自分の魂を磨く場だという確信をもって、結婚しようと覚悟を決めました。お互いの中に神を見いだす。結婚は、究極の自分磨きの場なのです。

女は男を育て、磨き上げ、仕事をしてもらう

女性は「育む」というエネルギーをもっている

「女性の時代」です。それは、女性が男性並みにばりばりと残業して働くことではありません。女性の特質、女性のエネルギーを生かしていく時代が来た、ということです。男性のエネルギーは戦うエネルギー、奪い合う時代が続きました。国際情勢を見ればおわかりのように、もう戦うエネルギーでは、世界は立ち行かなくなっているのです。女性の時代をここまで広げて考えてみると、世界は私たちひとりひとりのエネルギーにかかっていることがわかりますね。

では、女性のエネルギー、特質とは何でしょうか。それは、愛のエネルギーに他なりません。女性は自らの身体の中で命を育み、そして命を賭けてこの世に新しい命を

生みだします。そして、無償の愛で子どもを育てる。女性のエネルギーとは、愛を持って育むエネルギーです。

もしも、自分の中にそのようなエネルギーを感じられないとしても、それは目覚めていない、自覚していないだけです。私たち女性、誰もが持っているエネルギーです。

破壊ではない、愛を持って育む、創造的なエネルギーなのです。そして、女性であれば、女性の特質、エネルギーを発揮することで輝きます。せっかく女性として生まれたのであれば、授かったものを生かしていくことが、生きやすさにもつながっていくと思うのです。

育むというこのエネルギーは、どこの場でも発揮できます。仕事の場でも、人間関係の中でも、育むエネルギーを意識してみましょう。仕事そのものを育むことも大切ですし、職場の人間関係を育むことも意識してみます。それこそ、上司を育てる（もちろん陰ながら）……という意識を持つことも、ある意味、おもしろいと思います。

結婚は、まさに女性エネルギーで創造していく人生の「プロジェクト」です。自分たちの家庭を創造していく。そのためには、夫と創造的な関係を築いていくことです。夫との創造的な関係……それは、まさに夫を育てる、ということです。そうですね。「夫を育てる」ということは、私たちの意識の中だけに収めておきましょう。それも、夫を育てることにつながります。なぜなら、女に、妻に育てられるなんて、男の沽券が許さないでしょうから。

そうです、どんな男性にとってもプライドは最も重要なものです。プライドは地雷のようなもの、踏んだら大変なことになるのです。とてもわかりやすい例があります。女友達三人に男友達ひとりで話をしていた時のことです。何かの話題から、「男って単純よね」という流れになりました。すると、聞いていた男友達が、

「僕は単純じゃない！」

と怒って帰ってしまったのです。だから単純なのよね……と呆れてしまったのですが、これがまさに男のプライドを傷つけた言葉だったのです。一度傷ついたプライドを復活してもらう……つまり、ご機嫌を直してもらうためには、それはもう謝り、その人が頑張っていること、すばらしいことを言い続けなければなりません。これも大変な労力です。

夫に変わってほしいときはこう伝える

さて、夫を育てる。夫のプライドを大切にする。例えば、結婚生活の中には、夫に

変わってほしいと思う場面があるでしょう。こういうことはやめてほしい。もっと家族のことを考えてほしい……。それをそのまま伝えると、

「あなたの〇〇なのはよくないから変わってください」

ということになります。つまり、変わってほしいというのは、今の夫にダメ出しをしているということになります。

このような時、自分の要望をそのまま伝えがちです。ダメ出しをするわけです。これは男のプライドに触ります。ですから、伝え方を考えます。伝え方ひとつで、相手を怒らせるか、いい気持ちにさせるか、です。気分よく変わってもらうことがポイントです。

「〇〇してもらえると、とてもうれしい」

「〇〇を××に変えてもらうと、とても助かるの」

例えば、このように自分の「うれしい」などの感情を入れて伝えます。また「助かる」といった「あなたがいてくれるから」というニュアンスをこめると、夫のプライドは満たされます。本当は「頭に来るのよね」「困ってるのよね」と言いたいところですが、ここは賢くなりましょう。そして自分の要望を出すのなら、こちらも譲ると

ころは譲るのです。

夫を育てるとは、言い換えると夫にやる気を出してもらうことです。依存するのではなく、委ねるのです。それはもう、日常の小さなことから。電球を取り替える。家具を組み立てる。瓶の蓋を開けてもらう。ワインのコルクを抜いてもらう。悩みを相談する。小さな達成感と感謝されることが、夫の自尊心を満足させます。絶対にひとりで本棚を組み立てたりしてはなりません。妻に頼りにされ、妻の願いを叶える喜びは、男性のモチベーションをぐんっと上げるのです。

そして、褒める。とにかく褒める。一・五倍くらいに盛って褒めます。「さすが」「すばらしい！」「すごい」と、夫を讃える！　ダメ出しからは、卑屈さや闘争心しか生まれません。そして、夫が弱気になったときは「あなたなら大丈夫」というメッセージを出し続けることです。私は「夫は日本一」と思っています。夫が研究している分野においては、確かに日本一だと確信しているので、方々でそう言っています。自分にとって日本一であれば、日本一なのです。妻からそう言われて、頑張らない男はいないでしょう。

褒めることも、委ねることも愛です。そして、夫を育てるとは、夫をコントロールすることではありません。自分の思う通りに夫を動かすコントロールではなく、夫がその能力とやる気をより発揮しやすい環境をつくること、これが夫を育てるということなのです。

結婚して変容する自分に出会う

結婚とは、互いの人生に責任を持つこと

恋人と一緒に暮らしはじめて五年近く経つ友人が、最近になって結婚を考え始めたと話してくれました。彼女はもうすぐ四十五歳になり、彼も四十歳になります。一緒に暮らしていればそれなりに幸せで、特に生活を変える気がなかった彼女は、ふとこのままでいいのだろうかと思い始めたと言います。むしろ彼の方が結婚を望んでいて、両親にも彼女を紹介したり、少しずつ外堀を埋めているような感がありました。

「一緒に住んでいたら、それでいいんじゃない？　結婚する意味が、どうしてもわからない」

少し困ったような彼女の言葉に、改めて「結婚する意味」について考えたのです。

結婚するということは、結婚という「型」「枠」にはまることです。そして、お互いの人生に責任を持つ、ということを、正式に約束するのです。自分だけがよければいい。自分さえ幸せならいい、というわけにはいきません。平たく言うと、ふたりで幸せであるための努力をしていくことです。

お互いの人生に責任を持つというのは、キリスト教の結婚の誓いの言葉そのものです。

「健やかなるときも、病めるときも、喜びのときも、悲しみのときも、富めるときも、貧しいときも、これを愛し、これを敬い、これを慰め、これを助け、その命ある限り、真心を尽くす」

ひとりで乗り越えていくのではなく、ふたりで乗り越えていく。そこには知恵があり、賢さがあり、忍耐があり、慈しみが生まれる。そうして、それぞれの人生の物語があり、ふたりの人生の物語を紡いでいくのです。

それは恋人も同じことではないか？　という意見が出てきそうです。恋人同士も、ふたりで幸せであろうとします。でも、相手に対して責任はありません。もちろん、心情的なこと、交際していたという事実は、決して軽いものではありません。ただ、結婚の責任とは違うものです。籍を同じくする、という社会的な「約束」があります。もしもどちらかに何かがあった場合、家族でなければ認めてもらえない手続きがあります。たとえば手術の承諾書など、長い間一緒に暮らした夫婦同然の関係であってもなかなか認められないのです。これも、お互いに責任を持つことのひとつだと思います。

結婚はただの制度ではない

「型にはまる」「枠にはまる」ことを嫌う人もいるでしょう。自分の思うように、自由でありたいと、多くの人が望みます。自由を望む人にとって、結婚は窮屈なものに思えるかもしれません。この人！　と決めたのですから、「恋愛の自由」は制限される。好きな時に、好きな所へ旅行するというわけにはいかないかもしれません。子どもができたらなおのこと、自分自身の行動は制限されることが多くなるでしょう。

私自身、結婚式の前に（もう自由でなくなる）と思ってため息をついたことがありました。いわゆる、一瞬のマリッジブルーだったのかもしれません。自由に、自分が望むままに生きてきた私にとって、三十六歳で自由でなくなるのはつらい……。覚悟して結婚を決めたにも関わらず、そんな思いが何度か頭をかすめました。でも、結果的には、そんなこと、「どうでもいいこと」だったのです。少し乱暴な言い方を許してもらえれば、結婚するかどうか、結婚は決めたけれどこれもあれもどうなるんだろう……と悩んでいたことは、過ぎてしまえば本当に「どうでもいいこと」だったのです。

そんなことよりも、一緒に生きていく人が目の前にいること、分かち合えることの穏やかな喜び、そして結婚したからこそ成長することができた自分に出会えたとき、変化ではなく変容していく自分を感じることができたのです。

結婚を単なる社会制度、慣習と捉えているかぎり、その可能性には限界があります。子孫を残すためだけにある制度ではないのです。もっと自分に引きつけて、自分の可能性に引きつけて捉えてみてください。人生の味わいの中にある甘いものも、苦いものも味わうことで自分という人間の幅が広がっていく。そのことに思いを馳せてほしいのです。

変化でなく、変容。美しい蝶は、あの青虫というグロテスクな姿で生まれます。そして蛹《さなぎ》をつくり、時を経て蛹を破って羽化し、美しい蝶となって自由に飛んでいきます。これが変容です。まったく違う姿に生まれ変わる。それも美しく！　蛹の中では、身体をつくり変えるという大変なことが起こっています。

私は自分が悩みや迷いの中に入ってしまった時、この蛹から蝶になるイメージを持つようにしています。まさに自分は今蛹の中、しっかりと悩んで、自分をつくり変えて美しく変容、成長しよう。そう思うことで、悩み方も乗り越え方も違ってくるのです。

結婚生活の中ではいろいろなことがあります。相手が恋人ならすぐに別れられる。でも、相手が夫なだけに、より感情的になる時もあるでしょう。でも、だからこそ自分自身に誠実であることが大切になります。その感情の向こうにあるものは何か。その怒りの向こうには、わかってもらえない悲しみがあるかもしれない。その淋しさの奥には、取り残されそうな焦りがあるのかもしれない。そんな自分の深い気持ちに向き合うことで、変容は起こります。そして、一段も二段も、成長していける。これが、結婚の醍醐味のひとつなのです。

結婚する意味がわからない……。その意味は、ひとりひとりが生活の中で見いだし、心で感じていくことかもしれません。これは、私が見いだした意味のひとつです。明日は今日よりも心が進化している。夫婦は、共に変容しながら創造的な人生を歩んでいく「同志」なのです。

常に最善の選択をして、不安を乗り越える

予想外のシナリオをつきつけられたとき

三十七歳の秋に、ひとり娘が生まれました。大きな子宮筋腫があり、まず妊娠する可能性は極めて低いと医師から言われていたので、喜ぶというよりも戸惑いました。自分の身体が、妊娠を継続できるかどうか、わからない状態だったのです。

「妊娠後期から痛みが出て、早産になる可能性があるので早めの入院の可能性もあります。できるだけ安静にしていてください」

医師の話しぶりから、この妊娠を継続させることがなかなか難しいことがわかりました。何か困難なことにぶつかった時、自分にとって最善の道を選んでいく。徹底的に食事に気をつけ、穏やかな気持ちで毎日を過ごすことを心がけました。仕事もし、

遊びに行き、医師のイメージする「安静」とはほど遠かったことと思いますが、母子ひとつ身の時間を味わうように過ごしていました。

八カ月になった時、赤ちゃんの頭の中に水が溜まっていることがわかりました。そのまま行くと水頭症になる可能性があると言われました。この時のことを、今もよく覚えています。私の人生に、このようなシナリオがあったのか……。それから私は毎日教会へ行き、ただただ祈りました。どこか、祈る場所がほしかったのです。無事に生まれてきますように。元気に生まれてきますように。

それから五日後くらいだったでしょうか。教会で祈っている時、いきなりがつんとお腹の底で覚悟ができたのです。

「どんな状態でもいい、安心して生まれていらっしゃい」

私たちのところに来ようとしている魂は、水頭症という病気を持つ身体を選び、今回の人生を学ぼうとする勇気ある魂。そして私たちを親として選んだということは、親として見込まれたのかもしれない。そう思った時、私は自分がしっかりとその状況に立てたのです。そして、幸いなことに頭の水は吸収され、娘は健やかに生まれてきました。

むずかしい妊娠だったということは、私たち夫婦に「協力しあう」という学びを与えてくれました。それは、これから親となるためには必要不可欠なことです。協力しあうということを、この妊娠で学びました。

そして、赤ちゃんの頭の中に水が溜まったという現象は、私たちの絆を強くする学びでした。これから親になり、ひとりの人間を育てていく。そのためには、親である私たちがぐらぐらしていては育てることはできないのです。授かった、とてつもなく大切なものを大切にしていくためには、私たちがまず強くあること。どんな時もふたりで乗り越えていく覚悟を与えるためにこの出来事があったと、私は今でも思っています。

創造的に生きるとは

創造的に生きる。創造的な結婚をする。この本の中で、「創造的」という言葉を何度も使っています。創造的であるということは、自分たちがより成長する、より幸せに、よりよくなっていく考え方、選択をすることを言います。つまり、考え方ひとつ、行動ひとつで、物事は変わります。創造的な結婚について考える時、私はいつもこの時のことを思い出すのです。

例えば、私が子宮筋腫を抱えた妊娠を怖れてばかりいたら、生まれるまで私は不安と共にあることになります。不安から生まれるものは何もありません。でも、最善を選んでいく選択をした時、十カ月近い妊娠は喜びと恵みにあふれたものになりました。

また、頭に水が溜まったことを嘆き続けていたら……。私の中に強さも覚悟も根付かず、夫婦の絆を意識することはなかったでしょう。まさにピンチによって鍛えられ、ピンチによって知恵が湧き、前向きに乗り越えることができたのです。より成長するように選択し、行動していく。これが、人生を創造的に生きる、ということです。

結婚しようとしまいと、創造的に生きていくことはできます。意識さえすれば、自分の世界、人生をよりすばらしく創っていくことはできます。結婚の創造性は、化学反応のようなものかもしれません。ふたつの個性が創っていくひとつの世界。それぞれ生身の人間ですから、決していつも同じ状態ではありません。ですからいつも同じ化学反応を起こすとは限りません。

結婚生活には、時には喜びがあり、楽しみがあり、時には悲しみがあり、時には怒りを感じることもあるでしょう。誰もが承知しているように、人生は決して平穏なことばかりではありません。ふたりで乗り越えること、ふたりで分かち合うこと。また結婚生活を続けていくために、それぞれが乗り越えること。さまざまな場面が、私たちを成長させる機会になります。結婚という「型」「形式」の持つ可能性は、とてもスケールの大きなものなのです。

ケンカも、創造性を発揮するチャンスです。ちゃんとケンカするのです。感情をぶつけ合ったり、ひどい言葉を言い合うのがケンカではないのです。自分の意見や感情を、ちゃんと相手に伝えることができる。相手の話に聞く耳を持ち、受けとめることができる。ケンカには破壊的なイメージがあります。相手をやっつける気持ちで始めるケンカは、破壊的です。でも、私は、ちゃんとケンカができることこそ、創造的であると思うのです。それこそ、ちゃんと自分の気持ちを伝えられるのか、自分で自分を試す。ケンカにはそのような可能性もあるのです。結婚は創造性に溢れている。新しい関係性を、心の成長を、愛を、そして命を育んでいくことも、創造の極みだと思うのです。

この上なく愛しい存在に出会い、何があっても生きていくと覚悟する

出産、子育てという大冒険

結婚しない理由のひとつとして、「別に子どもはほしくない」「子どもがいると自由を制限される」ということがあるそうです。少し悲しい気持ちになり、「あるそうです」と他人事のように書いてしまいました。子どもをほしい人。子どもをほしくない人。ほしくてもなかなか授からない人。授かる環境にない人……。子どもについての事情はさまざまで、一概にこうと言うことが叶いません。でも、比較的高齢で子どもを授かった経験者として、子どもについて考えている人や、結婚そのものをためらっている人たちに話せることがあるのではないかと思い、私の感じたことをお話ししてみようと思います。

三十七歳で子どもを授かった時にまず驚いたのは、自分の身体にこんな機能があったんだ！　ということでした。もちろん、そんなことは知っていました。でも、それは知識としてあったこと。頭の中でわかっていたことでしかありません。自分のその機能を体感したのが、妊娠がわかったときでした。そして、お腹の中では何億年もの人類進化の歴史が繰り広げられていました。超音波検査のたびに完璧な命のシステムに驚いたのです。私が何の指示も出すことなく、遺伝子の中にプログラムされていたこととは言え、実際に目にし、感じてみると、女性という性のすさまじさ、崇高さに感動するのです。

子どもを持つことに対して消極的な人には、是非このポイントを考えてみてほしいと思います。私たちが女性であることを喜び、女性としての機能を果たし、女性の特質である「育む」ということを体験することには、とても大きな喜びがあるのです。そして何といっても人生は冒険物語。妊娠、そして出産、子育てという大冒険は、思っている以上にはるかに豊かな人生を与えてくれたのです。

大きなピンチに見舞われた妊娠だったので、きっと子どもに初めて会った時には感無量で涙が止まらないに違いない、と予想していました。ところが帝王切開をして、私のすぐ横に寝かされた娘を見て、（この子ならやれた）と思ったのです。窮屈な子宮をなんとか育ちやすいように整え、頭に水が溜まるという大ピンチで親を鍛え、そして自分で解決して生まれてきた……。赤ちゃんは、何もできない存在ではないのです。生まれてきた時に、すでに大偉業を成し遂げた赤ちゃん自身の達成感すら感じたのです。

子どもは、母親のお腹の中で人類進化の歴史を繰り返しながら成長していきます。子どもの命に向き合うことは、自分の命と向き合うことでもあります。そして、何があっても生きていく。それを強く覚悟します。そう、命を賭けて守らなければならないものを手にしてしまったのです。自分の肉体を分かち合い、命を賭けてこの世に送り出した我が子。命を賭けて守らなければならないものを手にすると、強くなります。そして、弱くもなるのです。

生まれたばかりの赤ちゃんは、どこかとても儚《はかな》いのです。お腹の中ではひとりでどんどん成長できていたのに、生まれてきたら親の手を借りないと生きることはできません。もしかしたら死んでしまうかもしれない。そんな不安が、何度となく頭を横切りました。そして、とてつもなく悲しくなるのです。こんな弱い自分がいたことにも驚きます。

そして、何があっても子どもを守るという、強い覚悟を持った自分がいました。自分よりも大切で、命を投げ出してもいいと思える人が、この世界にいるでしょうか。子どもの命に出会い、そして自分の命にも出会いました。何が何でも生きてこの子を育てる。そして、何かあれば、自分の命と引き換えてもいい。矛盾するようなこのふたつの思いの源泉は、私の中に湧きあふれた愛でした。子どもが生まれて、いろいろな自分に出会いました。人生にこれほどポジティブな変化をもたらしたものはありません。

この人生でいちばん会いたい人は、自分の子どもかもしれない

かけがえのない……という言葉があります。子どもを持って初めて、「かけがえのない」という意味がわかりました。何ものにも代え難い、唯一無二の存在です。夫も恋人も替えられます。離婚して違う人と結婚したらいいのです。でも、自分が生んだ子どもは、自分が生んだ子どもしかいません。そして、この存在はもちろんのこと、母親であるという体験もプライスレスです。何ものにも代えられません。

この人生は一度きりです。出会いたい人に出会っていきたい。自分がいちばん出会いたいと思っているのは、自分を世界でいちばん愛してくれるパートナーかもしれません。でも、もっと深く掘り下げてみてください。この人生でいちばん会いたい人は、自分の血を分けた子どもかもしれません。その思いに素直になれた時に、結婚への扉も開くように思うのです。

高齢出産を怖れることはありません。身体が元気で、心が健やかであれば大丈夫。赤ちゃんは、自分の学びにふさわしい親を選んで生まれてきます。現に、生まれてくる前の記憶を持っている子どもたちがたくさんいます。雲の上からお母さんを見つけて、お腹に入ったと。私の娘も、迷いもなくそう言いました。科学的に証明できないことかもしれませんが、魂の世界ではすべてが自分の選択によるのです。

高齢出産で母親になったら、体力的にはきついこともあるかもしれません。でも、元気なら大丈夫なのです。子どもが引っ張っていってくれます。そして、いいお母さんになるのではなく、賢い母親になればいいのです。多くの経験をしてきたことが、子育てに大いに活かせる。じっくりと賢い子育てをすればいい。子どもは、そんな母親を選んで生まれてきたのです。この世界に、これほど愛しい存在があったのか。娘は十九歳になりましたが、今でもその思いに胸が熱くなるのです。

十分大人の母親だからできる賢い子育て

子育ての不安に立ち止まっている間にも時間は過ぎていく

少し前のNHKスペシャル「ママたちが非常事態!? ～最新の科学に迫るニッポンの子育て」という番組で、もともと人間は共同で子育てをする本能が備わっていることが紹介されていました。人間が立て続けに妊娠するのを可能にしたのは、七百年前に人類とチンパンジーが進化を分かったタイミングにあると考えられています。子どもを多くの人の手で育てる本能を持ったために、毎年出産できるようになり、人類が繁栄したと考えられています。

しかし、核家族化が進んだ現代では、母親ひとりに子育ての負担がかかり、孤立化する母親が増えています。ママ友の輪が広がるのは、子どもを持つ母親がつながることによって、子育ての悩みや、子どもを見てもらえる場をつくることで孤立していくのを避けようとする、本能的な働きがあったと言われています。少子化傾向にあることも、女性たちが子どもを生むことをためらうのも、子育てをする環境に自信がないことも大きいでしょう。

現実は厳しい。でも、過ぎてゆく時は、もっと厳しい。残酷である、という言い方もできそうです。そして、女性の身体の中を流れる時間は、男性の持つ時間とはまったく違います。十年単位でなく、一年、二年単位で変化します。ところが、私たちは自分たちの身体の中でどのような変化が起こっているのか、無自覚であることがほとんどです。そうしているうちに、気づくといわゆる高齢出産と言われる年齢になっている。にわかに焦りが出てきます。結婚相手には出会っていないけれど、子どもはほしい。そう望む女性も多いと思います。でも……。きっとこの気持ちが逡巡しながら、時は過ぎ、私たちの身体の中でも女性の時間が過ぎていくのです。

何度かお話ししているように、「決める」ことです。子どもを望むのなら、結婚する！ と覚悟するのです。そして、行動する。「運を開く」「運を変える」の「運」は、「運動」の「運」です。行動しなければ、運は開かないし、変わらない。占星術で結婚運が回ってきている時に、黙っていても出会いません。そのような運が回ってきているのなら、その運に乗っかるように行動するのです。

高齢出産であっても、母親が身体も心も健やかであれば問題ない、と書きました。これまでの経験を大切にしながら、賢い子育てをすればいいと思います。こんな時、あんな時、子どもとどう接したらいいか。子どもの特性を伸ばすには、何を与え、どう言葉がけをしたらいいか。きっと大人ならではの知恵が湧いてきます。落ち着いた子育てができるのです。

さまざまな情報を、私たちは得ることができます。いろいろな意見を聞いてみよう。もっと他にいい方法があるのではないか？　そうして探っているうちに、時は過ぎます。そして、情報ばかりで頭でっかちになり、結局決められなくなるのです。ですから、望むのであれば、行動を始めること。結婚するとまわりに宣言をしてもいいし、出会う場へ積極的に出向くことです。あきらめないでほしい、と思うのです。

どのように子育てをするか。預ける場所の保証もないまま、仕事をしながら子育てできるのだろうか。確かに、東京の保育園事情は厳しいです。でも、そこを突破するしかない。親、兄弟、友達、ご近所の人たちと、まずはいい関係を築くことです。そして、お願いできる人にお願いする。そのような仕組みをつくる。子育ての悩みを分かち合えるようなコミュニティを利用してみる。可能性はゼロではありません。

私は産後二カ月から仕事を再開しました。幸い私の仕事は家で行えます。夫の仕事場も家だったので、ふたりで協力すれば何とかなりました。そして両親、妹も近くにいたために、多くの人の手を借りて、子育てをすることができました。依存するのではなく、誰かに頼る。ひとりきりで子育てはできません。これは、多くの人が共有したい現実です。社会の体制が整っていくことが重要ですが、いつ整うのかわからない現状が変わるのをただ待っていると、大切なものを失うかもしれないのです。

大変さを上回る喜びがある

もうひとつの考え方は、働き方を変える、ということです。子どもが幼稚園、保育園に入る三歳まで仕事を控えるというのもいいと思います。どの年代もかわいいですが、子どもが三歳になるまでのかわいさは、何ものにも言い難いものがあります。ですから、この時期をしっかりと一緒にいる！　これも大切な選択だと思います。「子どもは三歳までに親孝行をする」と、よく言います。赤ちゃんが、この世界のいろいろなことを発見し、少しずついろいろなことができるようになる。そのときの喜びに溢れた笑顔を見ることができただけで、心はあたたかさで満たされていきます。それはもう、何ものにも代え難い、かけがえのない瞬間なのです。

仕事をしながら子育てをすることの大変さばかりにフォーカスせず、その大変さ以上の喜びがあることに注目してもらいたいのです。そして、忙しくて子どもといる時間が少なければ、一緒にいる時間の質を上げるのです。おいしいものを食べる。しっかりと向き合って遊ぶ。話をする。同じものを見て喜ぶ。お母さんがしっかりと自分に向き合っていることがわかると、子どもも頑張れるのです。

仕事をしながら子育てをする。仕事はしないで子育てに取り組む。どちらの選択でも、喜びを持って、より素敵に自分が成長するように考えていきましょう。子育てが大変、大変と言っても、何十年も大変ではありません。子どもはあっという間に大きくなります。人生は冒険、過ぎていく時をつかまえましょう。そして、自分にとって最善、最高の選択をしていきましょう。大切なことは、「決める」ことです。

余計なお世話をされているうちが花

親から見た「いい人」が好きになれないとき

私たちの世代では、二十代も半ばくらいになると、親をはじめ、親戚や家族のまわりの親しい大人たちから、

「誰かいい人はいないの？」

と聞かれることが多くなりました。大人たちの言う「いい人」とは、決して人柄だけのことではありません。高学歴、生活の安定が保証されている、そして堅実である、家がしっかりとしている。もちろん誠実であることも含まれるでしょう。かっこいいとか悪いとか、センスがいいとか悪いとか、そんなことは、もちろん条件外です。こちらがそこを指摘すると、

「そんな外見のことばかり言うものではありません」
と怒られる。こんな経験をした人は、今でもいるのではないでしょうか。親の条件は、私たちの理想よりも厳しいかもしれません。

結婚するのは自分なのですから、結婚をするならこんな人がいいと、自分なりに理想をイメージします。親の望む結婚相手の条件を言われると、正直反発したい気持ちになります。素直になれない自分がいたりするのです。若いということは、過ぎていく時の早さをまだ知らないこと。そして、愛する人と必ず結ばれる未来を信じているということ。ですから、親が何を言おうと余裕があるのです。

でも今、この年齢になると、何が大切かということが身にしみてわかります。すると、親があげていたいくつもの結婚の条件が、今になるとわかるような気もしてくるのです。生活の安定が保証されている人がいいに決まっているし、堅実な人がいいに決まっているのです。そして、親は「見抜く目」を持っていたように思います。それはやはり経験を積み重ねた大人ならではの、目なのです。

でも、押しつけられると素直になれない。好きな人が親の条件を満たしていないと感じたら、ますます素直になれないもの……ではないでしょうか。

「誰かいい人いないの?」と聞かれ、つきあっている人のことを話す。親は難色を示す。大好きな人のことをけなすようなことを言ったりする。でも究極の親の思いは、子どもがただただ幸せであることだけなのです。

素直に「ご紹介ください」と言える人に良縁は訪れる

二十代後半になってくると、いよいよ親は気になってきます。まわりの大人たちも、誰かいい人はいないかと、何かと気にしてくれます。お世話をしようとする人は、親切な人です。こんな時、どのように対応するか。ここは、相手に対して失礼がないように、そして「娘らしさ」を大切にすることがポイントです。

「ありがとうございます。どなたかいい方がいらしたらご紹介ください」

と、素直に答える。何歳になっても素直な人は愛されます。素直な人には、もっと幸せになってほしいと人は思うものです。幸せになってほしいと思ってくれる人とはつながっていること。気にかけてもらうことをうるさく思ったりするかもしれません。でも、余計なお世話をされているうちが花。ありがたくお話を聞きましょう。

でも、もうやめてくれ、と言いたくなるようなお見合いおばさんがいます。

「女の幸せは、何といっても結婚して子どもを生むことよ」

「早く子どもを生んで、早く育て上げて、それから自分の人生を考えても遅くないわよ」

「お見合いをしてから、恋愛すればいいの」

と、自分の経験で、「結婚はいいものよ」と自分の価値観を押しつけてくるお見合いおばさんは、ご自分の結婚が幸せで、その経験から話しているのです。それを否定して返すのではなく、「ありがとうございます」と一度自分の胸に受けとめることです。会うか会わないかは、それから決めてもいいのです。優柔不断にしているうちに、

「まだまだ仕事のほうが楽しいから、結婚なんて考えられないのね」

と、言われてしまうのです。

四十代後半の独身の友人たちは、まだ結婚することを諦めていません。紹介をされたら積極的に会うし、人の集まる場所に出かけるようにしています。ただ、そのチャンスは少なくなっていて、お見合いおばさんからのお話もほぼ皆無……になっています。余計なお世話でもされているうちが花……を実感するのです。

四十代、五十代の素敵な独身の友人たち。結婚という幸せも味わってほしいと思い、

頭の中でありとあらゆる組み合わせを考え、私もときどきお見合いおばさんをしたくなります。この場合も、「会ってみる！」と素直に言ってもらえると、その時はだめだったとしても、また誰かいないか気にするようになります。独身の絶対数が少ない中でのマッチング、検討に検討を重ねたマッチングです。友達の輪を広げる意味でも、会ってみることをお薦めします。

また、「この人は合わなそう」「この会社は転勤があるから、この人は嫌だなあ」「顔が全然好みじゃない」などと、何度も言われると、（では、ご自由になさってください）と言いたくなります。結婚、恋愛については「凪」の年代なのですから、自分から波風を立てることを考えていきましょう。実は、年齢を重ねるほどにお姫様になっていく場合もあります。じっとしていたら、王子様は迎えに来ません。素直に自分から動いて運を動かし、運を上げる。愛される人になる。幸せになってもらいたいと思われる人になることです。

結婚しても、うまくいかないかも
しれない……という不安から、
何が生まれるでしょうか？
ふたりで作り上げる創造的な活動、
それが「結婚」です。
人生を能動的に生きてみませんか？

エピローグ

恋人はときめきを与えてくれます。
でも、同時にいつ別れが来るかという不安も抱かせます。
夫婦は、信頼と安定を与え合います。と同時に、時には忍耐との戦いが生まれます。
恋人は、情熱でつながっています。
夫婦は、年月をかけて愛情を熟成させていきます。
恋人には、恋人としてパーフェクトであることを求めます。
夫婦は、お互いが不完全であることを受け入れていきます。
恋人には、相手に対する責任はありません。
夫婦には、最期まで相手に対する責任があります。
恋人は、お互いの気持ちが一致しているだけで一緒にいられます。

夫婦は、相手はもちろん、相手の家族もすべて受けとめる覚悟の上で一緒に生きていきます。恋人は、快楽を求めます。

夫婦は、寛容であることを求めます。

恋人は、瞬間という点の時間を過ごします。

夫婦は、継続した線の時間を過ごしています。

恋人は、幸せを味わいます。

夫婦は、幸せを創りだし、育みます。

恋人は、デートという特別の時間を過ごします。

夫婦は、日常生活を過ごします。

恋人は、お互いが宝物です。

夫婦は、ふたりでかけがえのない宝物を、命を賭けて守ります。

恋人は、他人です。

夫婦は、家族になります。

恋人は、お互い、手を握り見つめ合います。

夫婦は、同じ方向を見て、手を取り歩んでいきます。

恋と結婚の違いについて、ある人がまとめたものを私なりの言葉でこのように再構築してみました。自由に、自分のライフスタイルを決めることができる時代です。人類の歴史上、今ほど自分の生き方を自由に選べる時代はなかったのではないでしょうか。私たちは、そんな時代に生きていることをときどき忘れてしまいます。自由に、自分のライフスタイルを選ぶには、自分が本当に望んでいることを知ることです。でも、これが実にむずかしい。二十代で望むことと三十代で目指すものは違うかもしれません。でも、魂が本当に望み、目指すものは一生涯変わることはないのです。何を学ぶために、何を達成したくて生まれてきたのか。ここまで遡るのは大変かもしれませんが、その答えは私たちの中にあるのです。

人生は物語のようです。それも、冒険物語。山あり、谷あり、嵐あり、波瀾万丈の物語は、物語としておもしろいものです。でも、それが自分の人生の物語となると、厳しさを感じます。でも、風も波も凪いで、穏やかと言えば穏やか、フラットな人生は少しつまらない気もするのです。穏やかでいたいと思っても、何が起こるかわからないのが人生です。と同時に、風を起こすことも、波を起こすこともできるのが人生。

山にも昇れるし、自ら嵐に飛び込んでいくこともできる。楽な道を選ばず、あえてイバラの道を選ぶこともできるのです。

そして、どんな状況にあろうとも、私たちには常に選択の自由が与えられているのです。どんな物語にしていくかは、私たち次第。作家もプロデューサーも脚本家も役者も、すべて自分です。だとしたら、自分にとって最高におもしろい物語を紡いでみたいと思うのです。

作詞家でデビューして三十三年になります。そのうちの二十一年が、結婚してからの仕事生活になりました。ひとりで仕事をしていた時間を、とうに超えてしまいました。子どもが小さかった三十代の後半から四十代は、疾風の如く過ぎていきました。幼稚園に行っている間に仕事をし、迎えに行き、お稽古に連れて行き、そのお稽古の間に仕事をし、夕食を作り、食べさせて、お風呂に入れて、寝かしつけて。そしてまた仕事をする。そんな毎日が何年も続きました。気づくと五十代は目の前。でも、仕事の量を減らすことなく、これだけできたのだ、という自負があります。その苦労の何倍もの楽しみと喜びがあり、それが仕事をする張り合いにもなりました。

仕事をばりばりとやっていきたい。自分のキャリアを追求したいと思っている女性こそ、結婚したらいいと思っています。私のまわりにいる優秀な経営者の女性たちの多くは、結婚して子どもがいます。結婚して子育てをしているという視点は、世の中を見ていくために必要な視点にもなっているのです。

そして、船が港に戻るように、仕事をする女性たちにも港が必要なのだと思います。素の自分に戻ることができ、仕事ではないことに力を注ぐことのできる場所を持つことが、いい仕事をしていく原動力になると思います。

特別に仕事でキャリアを積まなくてもいいと思っている女性たちも、自分の物語に冒険心を加えて、新しい「章」の扉を開いてほしいなと思います。

夫婦は同じ方向を見て、共に歩んでいく。こんなに心強いことはないのです。

「結婚」という永遠のテーマは、独身の人のものだけではありません。人と人が愛を持ってどうつながっていくか。この本は、創造的な人生について、そして男と女がどう調和しながらこの世界を創っていくかという、とても大きく、とても深いテーマについて考えるきっかけとなりました。水王舎の出口汪社長、瀬戸起彦氏、そして編集の野崎裕美さんに心から感謝申し上げます。またこの本を手に取ってくださった読者の皆さまにも、心からの感謝の気持ちを送ります。

吉元由美

SUMMER CANDLES

作詞　吉元由美
作曲　杏里

近すぎて見えない　奇蹟があるね
広い宇宙《そら》の片隅
ふたり愛し合えるこの時よ
若すぎた恋に　あぁ傷つくたびに
あなただけはいつでも
変わらずにいてくれたの
流れ星たちが　ほらこぼれてゆくよ

願いかなえながら　人の心へ

いつまでもSummer candles
新しい明日を
抱きしめてSummer candles
くちづけで灯す
こんなに深い涙を知ったの
あなたに愛されたから

夏の切なさが　あぁ黄昏つれて
立ちどまればあなたが
一番優しかったわ
時間《とき》の銀河に咲く白い花びら
長い髪に飾り　夢の静寂へ

いつまでもSummer candles
美しい明日へ
抱きしめてSummer candles
導いてほしい
こんなに熱い想いを知ったの
あなたを愛した時に

幾千の胸に眠っている
星が輝きを放つとき
奇蹟がいま　ふたりを呼び合う

いつまでもSummer candles
新しい明日を
抱きしめてSummer candles
くちづけで灯す

こんなに深い涙を知ったの
あなたに愛されたから
こんなに熱い想いを知ったの
あなたを愛した時に

吉元由美　よしもと・ゆみ

作詞家　作家　淑徳大学人文学部表現学科客員教授
日本語検定委員会審議委員
一般財団法人ドイツ歌曲普及協会 評議員

東京生まれ。成城大学英文学科卒業。

広告代理店勤務の後、1984年作詞家デビュー。これまでに杏里、田原俊彦、松田聖子、中山美穂、安倍なつみ、山本達彦、石丸幹二、加山雄三など多くのアーティストの作品を手掛ける。平原綾香の『Jupiter』はミリオンヒットとなる。

2014年公開「宇宙戦艦ヤマト2199〜星を巡る方舟」のエンディングテーマを手がける（歌・平原綾香）。

2008年、東宝ミュージカル「RENT」の全訳詞を担当。

1990年小説「さよなら」（マガジンハウス）を出版。

エッセイストとしても幅広く活動し、著書に『読むだけでたくさん「奇跡」が起こる本』『ひとり、思いきり泣ける言葉』『40歳からの心を美しく磨く私の方法』（三笠書房）『あなたの毎日が「幸せ」でいっぱいになる本』（PHP研究所）『みんなつながっているージュピターが教えてくれたこと』（小学館）『凛として立つ』（三空出版）『こころ歳時記』（ディスカバー21）『美醜の境界線』（河出書房新社）などこれまでの著書は50冊を越える。6月に最新刊「自分の言葉をもつ人になる」（サンマーク出版）、今夏「年を重ねるほど美しく幸せになっていく女性の理由」（大和書房）がリリースされた。

また「吉元由美のLIFE ARTIST ACADEMY」を主宰。「魂が喜ぶように生きよう」をテーマに、感性と心、言葉を磨いて人生を創造していくサロンセミナー、「言の葉塾」、講演などを展開している。

吉元由美オフィシャルホームページ
http://www.yoshimotoyumi.com

大人の結婚

2017年2月25日 第1刷発行

著　　者　吉元 由美
発 行 人　出口 汪
発 行 所　株式会社水王舎
　　　　　東京都新宿区西新宿6-15-1
　　　　　ラ・トゥール新宿511　〒160-0023
　　　　　電話03-5909-8920

本文印刷　慶昌堂印刷
カバー印刷　歩プロセス
製　　本　ナショナル製本
装　　丁　山田 知子（chichols）
編集協力　野崎 裕美
編集統括　瀬戸 起彦（水王舎）

JASRAC出 1700089-701
ISBN978-4-86470-070-2
乱丁本・落丁本はお取替えいたします。
http://www.suiohsha.jp